A COMPARATIVE STUDY
ON LINGUISTIC GENDER SYSTEMS

语言性范畴

裴　文◎著

世界图书出版公司

北京·广州·上海·西安

图书在版编目（CIP）数据

语言性范畴/裴文著. —北京：世界图书出版公司北京公司，2009.11
ISBN 978-7-5100-1026-2

Ⅰ．语… Ⅱ．裴… Ⅲ．语言学—研究 Ⅳ．HO

中国版本图书馆 CIP 数据核字（2009）第 152349 号

语言性范畴

著　　者：裴　文
责任编辑：陈晓辉

出　　版：世界图书出版公司北京公司
发　　行：世界图书出版公司北京公司
　　　　　（地址：北京朝内大街 137 号　邮编：100010　电话：010-64077922）
销　　售：各地新华书店及外文书店
印　　刷：北京高岭印刷有限公司

开　　本：787mm×1092mm　1/16
印　　张：15
字　　数：214 千
版　　次：2009 年 11 月第 1 版　2009 年 11 月第 1 次印刷

ISBN 978-7-5100-1026-2/H·1041　　　　　定　价：32.00 元

语言是充满智慧和想象的艺术。

裴　文

目　　录

前　言

在世界范围内，从亚洲到非洲，从美洲到欧洲，从北半球到南半球，所有的语言都具有性范畴，只是，部分语言的性范畴具有显在的语音形式，而部分语言的性范畴并不具有显在的语音形式。部分语言的显在性范畴形式在时间的流程中退化，而部分语言的性范畴则在时间的流程中从零性范畴形式转化为显在性范畴形式。

为什么会出现这样的状态呢？

我们需要回到一个最为根本的问题上来：什么是性范畴？

我将带着这个问题做进一步的思考：

性范畴缘何而来？它存在的价值是什么？它具有怎样的结构功能意义？如何理解性范畴系统的诞生呢？如何才能再现性别区分的形成呢？性范畴是如何成为可能的呢？它有着怎样的构建基础呢？它有着怎样的分配机制呢？是怎样的理念在支配着语言性范畴规则系统的使用过程呢？为什么有些语言具有显在的性别范畴形式而另一些语言则没有呢？性别范畴系统的运作方式是什么呢？仅仅只是语法形式规约吗？不同的性别之间有着怎样的联系呢？每一个名词的性别又是如何得以确立的呢？它具有怎样的文化功能和价值呢？

通过对这些问题的思索，我将尝试从十二种语言切入，包括汉语、英语、法语、梵语、德语、拉丁语、希腊语、西班牙语、意大利语、俄语、马来语、日语，以全新的角度和扎实的基础对性范畴、语言性范畴、语言性范畴体系的缘起、状态以及流变进行一般性的描写和文化解释。分析并解释语言性范畴的结构形态，但是，不流于语言性范畴的音形或词形，而是深入到语言性范畴的原始意象，藉此剖析人类对宇宙万物的最初指认和日趋约定的解释方式和路径。这样的研究角度和方法至少具有三点优势：

第一，接近语言性别范畴的根本；

第二，获得对社会语境之中语言性范畴的认知；

第三，从语言结构形式主义走向以文化为基础的现实主义。

到目前为止，语言本体研究者习惯于用音形和词形解释语言性别属类的区分，似乎音形和词形是性别属类区分的基础，由此产生诸多似是而非的描写和解释。语言性范畴的任意性、耐受性、社会指认以及它在时间、空间中的流转都被忽略而简单化地表述为语法规约。

这部专著共分为六个部分：第一章是概论，对语言性范畴进行基本的观察和思考，分析它的符号形式，试图再现语言性范畴体系的形成过程，追索语言性范畴的分类原则。这个部分是整个研究的基础。由此进入第二章，即语言性范畴的性质。这是整个研究的核心部分，它界定语言性范畴的术语，区分概念、符号和性别属类，关注语音与性别属类之间的最初结合，关注性别属类与事物概念之间的最初结合，由此获得对语言性范畴性质的基本判断。在这样的基础之上，观察语言性范畴的存在状态——绝对的流变和相对的稳定。第三章对语言性范畴形成的基础进行考量，包括自然基础、生物基础以及语音基础，以描写和解释语言性范畴存在的物质基础以及在各种语言之中可能存在的各样状态。在完成对语言性范畴基本面的观察与思考之后，进入第四章，即反观语言性范畴体系的结构形态，从复合名词、短语、语句以及文本等四个层面，考察并描写语言性范畴体系常态及非常态结构表现，这些表面形态本身不是它们得以存在的理据，顺着这样的路径，尝试走到了形式的背后，看到支撑形式的内容，即民族文化。因此，我们完成了第五章，即语言性范畴的文化解释。由浅入深，尝试对语言性范畴进行文化解释：分析语义与语言性范畴之间的关系，探讨外来词语的性别分配所呈现出的趋势和有限的规则方式，借助政治学理论中的"社会构想"，透视语言性范畴与民族文化之间的关系，获得对语言性范畴文化意义指向的最后认识。最终，对语言性范畴获得了一个基本的认识：语言性范畴不是一个简单的语法范畴，它是社会构想的结果，它背负着人类社会、文化、习俗等等元素。它是一种制度化的安排，是一种制度化的结构，是个体言说者的实践活动规约。语言性范畴是社会构想中的一个必要组成部分，它依赖于思想意识，即支撑社会构想的特定信仰和假设体系。语言性范畴因此成为社会构想的一个标示，既是表现社会构想的媒介，又是社会构想的再现。它凸显使它成为可能的社会构想，并置身于社会构想之中。它是思想意识，而不是科学事实。

语言性别范畴具有无比广大的研究空间，它所呈现或隐含的原始意象、社会姿态、文化状况以及人类的心理都是丰富而渺远的，都是深厚而令人着迷的，值得我们进行深入、细致和全面的研究。语言性范畴研究的目的不仅仅在于探讨性范畴符号的表达类型和表达方式，而且还在于它对整体民族思想意识的构建及其对言说者和言听者所产生的自然规约性的心理影响。

裴文

于南京银杏阁

2009 年 1 月 13 日

第一章 概 论

第一节 对性范畴的基本观察

在世界范围内,从亚洲到非洲,从美洲到欧洲,从北半球到南半球,所有的民族语言都具有特定的范畴:"性"。从共时的观点来看,一些语言的性范畴具有显在的语音符号体系,而一些语言的性范畴则是隐匿的,并不具有任何显在的语音符号体系。具有显在性范畴语音符号体系的语言,有些区分了两种性别属类:阴性和阳性,两者相对而存在,如法语、西班牙语、希伯来语、阿拉伯语等等。也有一些区分出三种性别属类:阴性、阳性和中性,三者相对而存在,如梵语、德语、波兰语以及北日耳曼语族的语言。从历时的观点来看,语言性范畴历经流变,显在的语音符号体系在时间的流程中或者日益稳固,如俄语、德语,或者逐渐退化,如法语、英语。法语由三种性别属类,即阴性、阳性、中性退化为两种性别属类,即阴性和阳性。英语的性范畴体系则完全消逝,仅仅只有名词性别属类符号的残存。

绝大部分语言学家几乎都将语言中的"性"看作是一个语法范畴,习惯于从语音、词汇、结构等角度进行描写和解释,并致力于语言结构形式统一问题的研究。但是,在过去的三十年,也有部分研究关注性范畴的语义和语用基础,从复杂的民族文化解释到上位语义内涵范畴,从生物的分类细节到性别属类比例的样本统计,语言种类涉及澳大利亚土著语言、北美印第安语、拉丁语、古法语等等世界诸多语言（见莱考夫，1987；米尔纳，1995；哈维和瑞德，1997；霍凯特，1958；考尔伯特，1991；约瑟夫，1979；拉珀音特，1988；萨夫阮、阿思林、纽包特，1996）。①

　　可是，到目前为止，仍然缺乏对"语言性范畴"的本质界定，也因此遗留了不少尚未解决的基本问题：什么是语言性范畴呢？如何理解性范畴系统的诞生呢？如何才能再现性别属类区分的形成呢？性范畴是如何成为可能的呢？它有着怎样的构建基础呢？它有着怎样的分配机制呢？是怎样的理念在支配着语言性范畴规则系统的使用过程呢？为什么有些语言具有显在的性别范畴形式而另一些语言则没有呢？性别范畴系统的运作方式是什么呢？它具有怎样的功能和价值呢？仅仅只是语法形式规约吗？性别属类之间有着怎样的联系呢？每一个名词的性别又是如何得以确立的呢？要回答所有这些问题，我们必须首先回到一个根本的问题上来：什么是性范畴？

　　在语言性范畴研究中，广为引用的是霍凯特关于性别属类的定义：②

①　Robin Lakoff. *Women, Fire, and Dangerous Things*. Chicago：University of Chicago Press. 1987.

Tom Mylne. Grammatical Category and World View：Western Colonization of the Dyirbal Language. *Congnitive Linguistics* 6：379—404. 1995.

Mark Harvey and Nicholas Reid(eds.). *Nominal Classification in Aboriginal Australia*. Amsterdam：John Benjamins. 1997.

C. F. Hockett. *A Course in Modern Linguistics*. New York：Macmillan. 1958.

Corbett, Greville. *Gender*. Cambridge：Cambridge University Press. 1991.

Brian Joseph. On the Animate-inanimate Distinction in Cree. *Anthropological Linguistics* 21：351—354. 1979.

Steven G. Lapointe. Towards a Unified Theory of Agreement. *Agreement in Natural Language*. Ed. by Michael Barlow and Charles Ferguson, PP67—87. Standford：CSLI Publications. 1988.

Jenny R Saffran, Richard N Aslin and Elissa L Newport. Statistical Learning by 8-month-old infants. *Science* 274. 1926—28. 1996.

Maria Polinsky and Ezra Van Everbroeck. Development of Gender Classifications：Modeling the Historical Change From Latin to French. *Language*. Volume 79. Number 2：356—390. 2003.

②　C. F. Hockett. *A Course in Modern Linguistics*. New York：Macmillan. 1958. P231.

性就是反映在相关词语行为之中的名词类别。

　　然而,在我看来,这个定义是结构层面的形式描写,是空泛而无力务实的,既缺乏对性别属类的准确针对,又缺乏对性别属类本质的界定。事实上,这个定义需要进一步的推敲,也需要进一步的商榷:

　　首先,它没有对语言性范畴体系的基本分配原则做出任何理论层面的剖析,也没有对这一体系做出基本的描写或解释。

　　其次,它没有表明语言性范畴体系所具有的根本性质,也没有界定语言性范畴或性范畴体系是否是语言所必须的。

　　最后,定义通常具有排他性,而霍凯特的这个定义却没有排除名词的数范畴和格范畴。语言中的数范畴、格范畴是否同样也是在区分名词的类别呢? 是否同样也是在表现相互关联的语词行为呢?

　　当下,语言本体研究者大多仍然沿用以音形和词形解释语言性别属类的区分,似乎音形和词形是性别区分的基础,结果,由此产生诸多似是而非的描写和解释,语言性范畴的任意性、耐受性、社会指认以及它在时空中的流转都被忽略而简单化地表述为语法规约。其实,语言性别范畴具有无比广大的研究空间,它所呈现或隐含的原始意象、社会姿态、文化状况以及人类的心理都是丰富而渺远的,都是深厚而令人着迷的,值得我们进行深入、细致和全面的研究。语言性范畴研究的目的不仅仅在于探讨性范畴符号的表达类型和表达方式,而且还在于它对整体民族思想意识的认识及其对言说者和言听者所产生的自然规约性的心理影响。

对名词进行观察

　　在为数众多的语言中,所有的名词都有自己的性别属类。我们不妨首先从基本词语切入,对梵语、法语、德语、俄语、汉语、意大利语、拉丁语、希腊语、西班牙语、英语等名词性范畴的表现方式与形态进行基本的观察：

语言	阴性	阳性	中性
梵　　语： (संस्कृत)	nāri(妻) ambā(母亲) bhaginī(姐妹)	pati(夫) pitri(父亲) bhrātri(兄弟)	apatya(女孩) ambara(天空) vari(水)
法　　语： (Français)	femme(妻) mère(母亲) sœurs (姐妹) fille(女孩) œuvre(著作) eau(水)	mari(夫) père(父亲) frère(兄弟) ciel(天空) été(夏天) hiver(冬天)	/ / / / / /
德　　语： (Deutsch)	Ehefrau(妻) Mutter(母亲) Schwester(姐妹)	Ehemann(夫) Vater(父亲) Bruder(兄弟)	Mädchen(女孩) Werk(著作) Wasser(水)
俄　　语： (Русский язык)	женá(妻) мать(母亲) сестрá(姐妹)	муж(夫) отéц(父亲) брат(兄弟)	сочинéние(著作) нéбо(天空) лéто(夏天)
汉　　语： (Hànyǔ)	妻 母亲 姐妹 女孩 冬天 水	夫 父亲 兄弟 天空 夏天 著作	/ / / / / /
意大利语： (Italiano)	moglie(妻) madre(母亲) sorelle(姐妹)	marito(夫) babbo(父亲) fratello(兄弟)	/ / /

	figliola(女孩)	sóle(太阳)	/
	acqua(水)	diètro(后面)	/
	estate(夏天)	invèrno(冬天)	/
	òpera(著作)	cièlo(天空)	/
拉 丁 语： (Lingua Latina)	aestās(夏天)	hiems(冬天)	caelum(天空)
	soror(姐妹)	frāter(兄弟)	opus(著作)
	filia(女儿)	filius(儿子)	vēr(春天)
	māter(母亲)	pater(父亲)	corpus(身体)
	uxor(妻子)	vir(丈夫)	folium(树叶)
	puella(女孩)	auctŏr(作者)	grānum(谷物)
	aqua(水)	autumnus(秋天)	moenia(城墙)
希 腊 语： (Ελληνικά)	ἀδελφή(姐妹)	ἀδελφός(兄弟)	ἔαρ(春天)
	ἄλοχος(妻子)	ἀνήρ(丈夫)	ὑδωρ(水)
	ἀμμά(母亲)	πατήρ(父亲)	τέχνον(婴儿)
西班牙语： (Español)	hermana(姐妹)	hermano(兄弟)	/
	mujer(妻子)	marido(丈夫)	/
	madre(母亲)	padre(父亲)	/
	agua(水)	cielo(天空)	/
	muchancha(少女)	autor(作者)	/
英 语： (English)	mother(母亲)	father(父亲)	/
	sister(姐妹)	brother(兄弟)	/
	girl(女孩)	boy(男孩)	/
	wife(妻子)	husband(丈夫)	/
马来语： (Malay)	isteri(妻子)	suami(丈夫)	/
	emak(母亲)	bapa(父亲)	/
	budak perempuan (女孩)	budak lelaki (男孩)	/

	kakak（姐妹）	abang（兄弟）	/
日　　语：	tuma（妻子）	otto（丈夫）	/
（Nihongo）	haha（母亲）	titi（父亲）	/
	ane（姐）	ani（兄）	/
	imouto（妹）	otouto（弟）	/
	shōjo（女孩）	shōnen（男孩）	/

从这一列表中，我们至少可以观察到三种显在的现象：

第一，性别范畴表现名词指称的事物所具有的某种属性或特征。在一些语言里，阴性相对于阳性而存在，阳性则相对于阴性而存在，如法语、汉语、英语、西班牙语和意大利语。在另一些语言里，阴性、阳性、中性三者相对而存在，如梵语、德语、俄语、希腊语和拉丁语。由此可见各个民族语言中可能具有的完全不同的性范畴分类体系。

第二，各个民族语言对于同一概念具有相同的或不同的性别指认。共同的指认在于：性别范畴表现名词指称的事物所具有的天然属性或特征，如"妻"、"母亲"、"姐"、"妹"以自然性别区分便归入了阴性范畴，而"夫"、"父亲"、"兄"、"弟"则以自然性别区分归入了阳性范畴。这是不同语言中的共性表现。而对同一概念的不同指认却是更为普遍的现象，如：俄语 сочинéние（著作）、нéбо（天空）和лéто（夏天）归入中性范畴，而梵语 prabanddhṛ（著作）和 grīṣma（夏天）则归入阳性范畴，德语 Himmel（天空）和 Sommer（夏天）则归入阳性范畴。与梵语和德语不同，俄语 дéвочка（女孩）和 водá（水）都归入阴性范畴，拉丁语的 puella（女孩）和 aqua（水）也是归入阴性范畴的。法语、汉语和意大利语则在阴、阳两性中分配所有这些概念。法语、德语四季都归入阳性范畴，如法语：printemps（春，阳性）、été（夏，阳性），automne（秋，阳性），hiver（冬，阳性）；如德语 Frühling（春，阳性），Sommer（夏，阳性），Herbst（秋，阳性），Winter（冬，阳性）。而汉语"春"、"夏"为阳，"秋"、"冬"为阴，意大利语与汉语则恰恰相反：primavèra（春），estate

(夏)归入阴性范畴,autunno(秋),invèrno(冬)则归入阳性范畴。希腊语 ἔαρ(春天)归入中性范畴,而 χέιμῶον(冬天)归入阳性范畴。拉丁语 vēr(春天)归入中性范畴,aestās(夏天)归入阴性范畴,而 autumnus(秋天)和 hiems(冬天)则归入阳性范畴。不同的语言所呈现的是完全不同的性范畴体系分类图景。在下文的例证中,我们可以观察到更多的此类现象。值得一提的是,在一种语言之中,同一概念可能存在多种表达,即近义词,而这些近义词的性范畴归属未必完全一致。

第三,在一些语言里,相对存在的性别属类表现在语音形式和名词的形式上,也就是说,性别属类借助语音符号而存在。语音符号本身并不是性别属类的缘起,只是用以标示性别属类而已。所以,我们不能够本末倒置地说:以某种语音符号结尾的名词是阳性,而应该说:某种语音符号用以标示阳性。以俄语为例,大体说来,末位辅音或硬辅音(或者硬音符号)标示阳性属类,部分包括 -ь尾音;末位尾音 -a 或 -я 标示阴性属类,部分包括 -ь 尾音;而末位尾音 -o 或 -e 则标示中性属类。再以意大利语为例,末位尾音 -a 基本标示阴性属类,末位尾音 -o 基本标示阳性属类。而在有的语言里,相对存在的性别属类却没有能够借助语音符号而彰显,因此是深藏而不露的,如汉语。在语音层面,汉语没有任何显在的符号标示,而从文字的层面来看,存在不少含有"女"部的字,如:姝、姬、妾、妇、妈、嫂、娘、奶奶、妹、妯娌、妻、婆等等,但是,"女"部根本不同于其他语言中的性别语音符号,它并不具有阴性的标示功能。"女"部就如同汉语中的"木"部、"水"部、"言"部、"阝"部,只具有表意功能,是意义的分类。"女"部完全不具备诸如俄语中的 -a(-я),法语中的 -é, -aison, -ace,德语中的 -age,梵语中的 -ā,意大利语中的 -a 等所具有的阴性属类指示功能。可以得出一个基本的结论:汉语不具有显在的性范畴体系。同样,马来语也不具有显在的性范畴标记。"父亲"和"母亲"有着共同的末位尾音 -i,有通性名词 budak(孩子),需要表达孩子的性别时,则需要添加限定词 perempuan(女性的)和 lelaki(男性的)。在马来语中,adik 也是通性名词,可以是指称"妹妹",也可以是指称"弟弟"。所以,只有特别强调时,才说 kakak dan adik(姐妹),

abang dan adik(兄弟)。值得一提的是,在指称人或者动物的时候,马来语通常不明确是阴性还是阳性,只有当强调或者对比的时候,才在名词之后附加限定词:在指称人的名词之后附加 lelaki,表示"男",在指称人的名词之后附加 perempuan,表示"女";在指称动物的名词之后附加 jantan,表示"公、雄",在指称动物的名词之后附加 betina,表示"母、雌"。例如:

orang lelaki	男人	orang perempuan	女人
budak lelaki	男孩	budak perempuan	女孩
pelayan lelaki	男生	pelayan perempuan	女生
gajah jantan	公象	gajah betina	母象
harimau jantan	公虎	harimau betina	母虎
lembu jantan	公牛	lembu betina	母牛

这些就如同汉语名词之前的"男"、"女"、"公"、"母"、"雌"、"雄"。与汉语一样,日语也不具有显在的性别属类标示,通常在名词之前添加 dansi(男性)和 josi(女性),以区分男性和女性的人,添加 osu(雄性)和 nesu(雌性),以区分雄性和雌性的动物。例如:

otoko	男人	onna	女人
shōnen	男孩	shōjo	女孩
dansi gakusei	男生	josi gakusei	女生
osu-no zou	公象	nesu-no zou	母象
tora	公虎	nesu-no tora	母虎
osu usi, osu-no usi	公牛	nesu usi, nesu-no usi	母牛

不过,在马来语中,也存在为数不多的性别词尾,例如:

seniman	男演员	seniwati	女演员
biduan	男作曲家	biduanita	女作曲家
putera	王子	puteri	公主
maharaja	国王	maharani	女王
ustaz	阿訇	ustazah	女阿訇

这些性别词尾如同英语中的一些性别词尾,如 -or(标示男性或雄性的词尾)和 -ess(标示女性或雌性的词尾)。相比较而言,日语就没有如此规律的形式:

haiyu	男演员	joyu	女演员
(dansei) sakkyoku ka	作曲家	josei sakkyoku ka	女作曲家
ouji	王子	oujo	公主
tennou	天皇	kougou	皇后
dansei-no isuramu kyou sidousha		josei-no isuramu kyou sidousha	
	阿訇		女阿訇

然而,马来语和英语中这些少量的词尾并不足以在马来语或英语中构成普遍的性范畴体系。可是,在具有显在性范畴体系的语言中,这样的词尾则是普遍存在的。

汉语、马来语、日语中这些名词的阴性和阳性标示并不是语言学概念上的性别范畴概念。英语也不具有显在的语言性范畴体系。古英语曾经有较为完备的语言性范畴体系符号,而现在,历经时间和空间的流变,就只有残存的性别属类词尾 -ess,-or 等,例如:

prince(王子,阳性)—— princess(公主,阴性)

host(男主人,阳性)—— hostess(女主人,阴性)

actor(演员,阳性)—— actress(女演员,阴性)

tiger(老虎,阳性)——tigeress(母老虎,阴性)

lion(狮子,阳性)——lioness(母狮子,阴性)

　　而所有这些已经不足以构成语言性范畴体系。关于这一点,我们将在"性范畴流变与稳定"一节中加以进一步的描写。

对具有显在性范畴体系语言的基本概念进行观察

　　由以上的观察和思考,我们可以暂时排除不具有显在性范畴体系的语言,尝试扩大对具有显在性范畴体系的语言进行观察的范围。不妨来观察各种民族语言对一些基本概念的性别指认:

表一:

语言	春	夏	秋	冬
梵语	vasanta(阳)	grīṣma(阳)	śarad(阴)	hemanta(阳)
俄语	весна́(阴)	ле́то(中)	о́сень(阴)	зима́(阴)
德语	Frühling(阳)	Sommer(阳)	Herbst(阳)	Winter(阳)
法语	printemps(阳)	été(阳)	automne(阳)	hiver(阳)
拉丁语	vēr(中)	aestās(阴)	autumnus(阳)	hiems(阳)
希腊语	$\varepsilon\alpha\rho$(中)	$\theta\varepsilon\rho\varepsilon\iota\alpha$(阴)	$\H{\alpha}\mu\eta\tau o\varsigma$(阳)	$\chi\varepsilon\iota\mu\acute{\omega}o\nu$(阳)
意大利语	primavèra(阴)	estate(阴)	autunno(阳)	invèrno(阳)
西班牙语	primavera(阴)	estío(阳)	otoño(阳)	invierno(阳)

表二:

语言	日	月	天	地
梵语	sūryaḥ(阳)	candra(阳)	gagaṇa(阳)	bhūmi(阴)
俄语	со́лнце(中)	луна́(阴)	не́бо(中)	по́ле(中)
德语	Sonne(阴)	Mond(阳)	Himmel(阳)	Erde(阴)

法语	soleil（阳）	lune（阴）	ciel（阳）	terre（阴）
拉丁语	sōl（阳）	lūna（阴）	caelum（中）	humus（阴）
希腊语	ἥλιος（阳）	σελήνη（阴）	ἡμέρα（阴）	ἄρουρα（阴）
意大利语	sóle（阳）	luna（阴）	cièlo（阳）	tèrra（阴）
西班牙语	sol（阳）	luna（阴）	cielo（阳）	tierra（阴）

表三：

语言	窗	家庭	军队	文字作品
梵语	jālaṃ（中）	gotra（中）	senā（阴）	grantha（阳）
俄语	окно́（中）	семья́（阴）	воин（阳）	сочине́ние（中）
德语	Fenster（中）	Familie（阴）	Armee（阴）	Werk（中）
法语	fenêtre（阴）	famille（阴）	armée（阴）	œuvre（阴）
拉丁语	fenestra（阴）	famīlia（阴）	copia（阴）	gramma（阴）
希腊语	φαυστήρ（中）	ῥίζα（阴）	ἀσπισ（阴）	γράμμα（中）
意大利语	finèstra（阴）	famìglia（阴）	esèrcito（阳）	òpera（阴）
西班牙语	ventana（阴）	familia（阴）	ejército（阳）	escrito（阳）

表四：

语言	语言	政治	智慧	本质
梵语	bhāsā（阴）	nīti（阴）	mati（阴）	prakṛti（阴）
俄语	язык（阳）	поли́тика（阴）	му́дрость（阴）	суть（阴）
德语	Sprache（阴）	Politik（阴）	Weisheit（阴）	Essenz（阴）
法语	langue（阴）	politique（阴）	sagesse（阴）	essence（阴）
拉丁语	lingua（阴）	polītīa（阴）	sapientia（阴）	essentia（阴）
希腊语	γλῶσσα（阴）	πολῖτῑκός（阴）	μητις（阴）	φύσις（阴）
意大利语	lìngua（阴）	politica（阴）	saggézza（阴）	essènza（阴）
西班牙语	lengua（阴）	política（阴）	sabiduría（阴）	esencia（阴）

表五:

语言	头	眼	鼻	唇	舌
梵语	śiras(中)	akṣan(中)	nas(阴)	oṣtha(阳)	jihvā(阴)
俄语	головá(阴)	глаз(阳)	нос(阳)	губá(阴)	язь'ık(阳)
德语	Kopf(阳)	Auge(中)	Nase(阴)	Lippe(阴)	Zunge(阴)
法语	tête(阴)	œil(阳)	nez(阳)	lèvre(阴)	langue(阴)
拉丁语	caput(中)	ocŭlus(阳)	nāsus(阳)	labium(中)	lingua(阴)
希腊语	κεφαλή(阴)	ὀφθαλμός(阳)	ῥίς(阴)	χείλωμα(中)	γλῶττα(阴)
意大利语	testa(阴)	òcchio(阳)	naso(阳)	labbro(阳)	lìngua(阴)
西班牙语	cabeza(阴)	ojo(阳)	nariz(阴)	labio(阳)	lengua(阴)

表六:

语言	前	后	左	右
梵语	agra(中)	paścârdha(阳)	vāma(阳,中)	dakṣiṇa(阳,中)
俄语	перёд(阳)	тыл(阳)	лéвая(阳)	прáвая(阳)
德语	Front(阴)	Etạppe(阴)	Lịnke(阴)	Rẹchte(阴)
法语	front(阳)	arrière(阳)	gauche(阴)	droite(阴)
拉丁语	frōns(阴)	posticum(中)	sinistra(阴)	dextra(阴)
希腊语	πρωρα(阴)	πρωκτός(阳)	ἀριστερά(阴)	δεξιά(阴)
意大利语	avanti(阳)	diètro(阳)	sinistra(阴)	dèstra(阴)
西班牙语	delantera(阴)	posterioridad(阴)	izquierda(阴)	derecha(阴)

　　我们观察到:八种不同的语言对同一概念共同的性别指认和不同的性别指认。对同一概念不一致的性别指认则是普遍的事实,由此导致每一种语言相对独立的性范畴体系。而对同一概念一致的性别指认是有限的事实,例如:抽象概念"语言"、"政治"、"智慧"、"本质",这八种语言(俄语"语言"除外)共同将它们指认为阴性属类,德语和法语将四季的概念"春"、

"夏"、"秋"、"冬"共同指认为阳性范畴,德语和西班牙语将方位概念"前"、"后"、"左"、"右"共同指认为阴性范畴。我们将在更为广泛的范围内观察到不同的语言性范畴体系之间所存在的相对独立却彼此交错的现象。那么,共同的指认和差异的指认并存,这种现象是如何缘起的呢? 是彼此交流而后部分同化或异化的结果呢,抑或是人类的共性思维和民族的个性观察所致呢? 我将带着这些问题做深入的观察和分析。

对语句层面性范畴体系基本表现进行观察

完成对名词的基本观察,我们便可以进入语句层面。我们不妨再对梵语、德语、法语、意大利语、拉丁语、希腊语、西班牙语、俄语等语句中显在的性范畴表现方式和形态进行基本的观察:

梵语

(1) avagacchati ｜

　　([他]明白-第三人称-阳-单)

　　"他明白。"

(2) vayasya,　　　　iyaṃ　sā　　vārttā ｜

　　(朋友-阳-呼语)(这-阴)(那个-阴)(消息-阴)

　　"朋友,这就是那条消息。"

(3) aho　　vyabhrā　　　diśaḥ ｜ ①

　　(感叹词)(晴朗的-阴-复)(天-阴-复)

　　"多么晴朗的天!"

---

① Coulson, Michael. 1976. *Sanskrit. An Introduction to the Classical Language.* London: Hodder & Stoughton. P159.

（4）saḥ　　　　nīlena　　　　　　rathena　　　　gacchati ｜

（他-阳-单）（蓝色的-阳-单-工①）（战车-阳-单-工）（去-阳-单）

"他乘坐蓝色的战车去。"

（5）jalam　　iva　　sukham ｜

（水-中）（犹如）（幸福-中）

"幸福就像水一样。"

（6）anutsekaḥ　　khalu　　vikrama-alaṃkāraḥ ｜

（谦虚-阳）　（毕竟）　（勇敢-阳）-（点缀-阳）

"谦虚毕竟是勇敢的点缀。"

德语

（7）Sie　mag　　die　　Klassische　Musik.

（她）（喜欢）（冠-阴-单）（古典的-阴）（音乐-阴）

"她喜欢古典音乐。"

（8）Ich　empfand　seine　Worte　als　　bittere　　Ironie.

（我）（感到）（他的-中）（话-中）（作为）（辛辣的-阴）（讽刺-阴）

"我感到他的话是辛辣的讽刺。"

（9）Sie　gab　　　ihr　　　　　das　　　Kleid.

（她）（给-过去时）（她-阴-单-与②）（冠-中-单）（衣服-中-单-宾）

"她把衣服送给她了。"

---

① "工"表示"工具格"。

② "与"表示"与格"。

(10) Sein　　Vater　　　　　ist　ein　　　bekannter　　Schriftsteller.
（他的-单）（父亲-阳-单-主）（是）（冠-阳-单）（著名的-阳-单）（作家-阳-单）
"他的父亲是一位非常著名的作家。"

(11) Der　　　Hund　　hetzt　den　　Hasen.
（冠-阳-主）（狗-阳-主）（追猎）（冠-阳-宾）（兔子-阳-宾）
"狗追兔子。"

(12) Die　　　Memme　　fürchtet　eine　　Frau.
（定冠词-阴）（胆小鬼）　（害怕-单）（一个-阴）（女人-阴-单）
"这个胆小鬼害怕女人。"

法语

(13) La　　　chaumière　est　　petite　　mais　　charmante.
（冠-阴-单）（小屋-阴）　（是-单）（小的-阴）（却-副词）（迷人的-阴）
"这间小屋不大却很迷人。"

(14) Le　　　professeur américain portrait　　　un　chapeau marron.
（冠-阳-单）（教授-阳）（美国的-阳）（戴-未完成过去时）（一-阳）（帽子-阳）（棕色的-阳）
"美国教授戴着一顶棕色的帽子。"

(15) La　　　neige　ou　le　　　verglas　rendent　cette
（冠-阴-单）（雪-阴）（或）（冠-阳-单）（冰-阳-单）（使得）　（这-阴-单）
route　　　très　dangereuse.
（路-阴-单）（非常）（危险-阴-单）
"冰雪使得这条路非常危险。"

（16）La　　petite　fille　　est　　partie　　ce　　matin.
（冠-阴-单）(小的-阴)（女孩-阴-单）(助动-单)（离开-单-阴）(这-阳-单）(早晨-阳-单)
"这个小女孩今天早晨离开的。"

（17）Ses　　façons　　sont　　réservées.
（他的-阴-复）(态度-阴-复）(是-复）(谨慎-阴-复）
"他的态度很谨慎。"

（18）Sa　　Majesté　le　　Roi　　est　une　　chrétienne.
（她的-阴）(陛下-阴）(定冠词-阳）(国王-阳）(是）(一个-阴）(基督教徒-阴）
"国王陛下是基督徒。"

意大利语

（19）Il　　gioco　　sembra　　facile.
（冠-阳-单）(游戏-阳-单）(似乎-阳-单）(容易-阳-单）
"这个游戏似乎很简单。"

（20）Il　　cane　　è　　un　　animale.
（冠-阳-单）(狗-阳-单）(是-阳-单）(一个-阳-单）(动物-阳-单）
"狗是一种动物。"

（21）Le　　giornate　in　estate　　diventano　　più　lunghe.
（冠-阴-复）(白天-复）(在）(夏季-阴）(变得-复-阴）(更）(长-阴-复）
"夏季白天变得更长。"

（22）Il　　　　bambini　　　corrono　　nel　parco.

（冠-阳-复）（孩子-阳-复）（跑-阳-复）（在）（公园-阳-单）

"孩子们在公园里跑着。"

（23）Il　　　　principe　　e　　la　　　ballerina　　si sposarono

（冠-阳-单）（王子-阳-单）（和）（冠-阴-单）（舞蹈家-阴-单）（结婚-复-过去时）

e　　vissero　　　　felici　e　　contenti.

（和）（生活-复-过去时）（幸福）（和）（满足）

"王子和舞蹈家结婚并幸福而满足地生活着。"

（24）Che　　bella　　　　casa！

（多么）（可爱的-阴-单）（房子-阴-单）

"多么可爱的房子！"

拉丁语

（25）Philosophia　　est　　　ars　　　　vītae.（Cicerō）

（哲学-阴-单）（是-单）（艺术-阴-单）（生命-属格-阴-单）

"哲学是生命的艺术。"

（26）Illum　　　librum　　　optō.（信德麟，第 70 页）

（那-阳-单）（书-阳-单-宾）（希望-第一人称-单）

"我想要那本书。"

（27）Patria　　　　est　　　magna.

（祖国-阴-单）（是-动-单）（大的-阴-单）

"祖国很大。"

（28）Trēs　　　puerī　　　　rosās　　　dedērunt　　　duābus

（三-阳-主）（男孩-阳-主-复）（玫瑰-阴-宾）（给-完成时）（两个-阴-与）

puellīs.（信德麟，第64页）

（女孩-阴-与-复）

"三个男孩子给两个女孩子送了玫瑰花。"

（29）O　　　bellum!　　　　O　　　mīlĭtēs!

（感叹）（战争-中-单-宾）（感叹）（士兵-阳-复-宾）

"啊！这是一场怎样的战争！啊！这是一群怎样的士兵！"

（30）Puerī　　　haec　　　　urna　　　plēna

（男孩-阳-主-复）（这-阴-单-宾）（罐子-阴-单-宾）（充满的-阴-单-宾）

aquae　　　nōn　amant.

（水-阴-补）（不）（喜欢-复）

"男孩子们不喜欢这只装满水的罐子。"

希腊语

（31）Γράφω　　　τὴν　　　ἐπιστολήν.

（写-第一人称单数）（冠-阴-单-宾）（信-阴-单-宾）

"我在写信。"

（32）Κοινωνικὸν ξῷον　　　ὁ　　　ἄνθρωπος.（Aristotle）

（社会的-中）（动物-中）（冠-阳-单）（人-阳-单）

"人是社会动物。"

（33）Πάντων　　　μέτρον　　ἄνθρωπος ἐστιν.（Protagoras）

（所有的-中-复-属）（标准-中）（人-阳-单）（是-第三人称单数）

"人是万物的标准。"

(34) Ἀρχὴ　　　　δέ τοι　　　ἥμισυ　　　παντός. (信德麟，第421页)

（开端-阴-单-主）（而）（冠-中-单）（一半-中-单）（所有的-中-单-属）　·

"对于任何事情，开端只是一半。"

(35) Ῥόδον　　　　έωκα　　　τη　　　έμη

（玫瑰花-中-直宾）（给-不过1①）（冠-单-阴-与）（我自己-阴-单-与）

ἀδελφῆ. （信德麟，第428页）

（妹妹-阴-单-与）

"我给了妹妹一朵玫瑰花。"

(36) Οὐδείς　δίδαξέ　με　τὴν　τέχνην. (信德麟，第428页)

（没有一个）（教）　（我-单-间宾）（冠-阴-宾）（技能-阴-单-直宾）

"没有人教给我这种技能。"

西班牙语

(37) El　　　　　gato　blanco　　está　enfermo.

（定冠词-阳）（猫-阳）（白色的-阳）（是）（有病的-阳）

"那只白猫病了。"

(38) La　　　　muchucha rubia　　está　guapa.

（定冠词-阴）（姑娘-阴）（金发的-阴）（是）（漂亮的-阴）

"这位金发姑娘很漂亮。"

---

① 不定过去时第一种形式。原形为 δίδωμι。

(39) Ella tiene la grande estepa.

（她）（拥有）（冠-阴-单）（形-阴-单）（草原-阴-单）

"她拥有辽阔的草原。"

(40) Todos los edificios de la ciudad

（全部-阳-复）（冠-阳-复）（建筑-阳-复）（介）（冠-阴-单）（城市-阴-单）

son grises.（孟宪臣，第97页）

（是）（灰色的-阳-复）

"城里所有的建筑都是灰色的。"

(41) Las noches de primavera son frescas.

（冠-阴-复）（夜晚-阴-复）（的）（春天-阴-单）（是）（凉爽的-阴-复）

"春天的夜晚很凉爽。"

(42) ¡Qué cielos tan azules!

（多么）（天空-阳-复）（这么）（蓝色的-阳-复）

"天空多么蓝啊！"

俄语

(43) Погóда стáла холóдной.

（天气-阴-单）（成为-单）（冷的-阴-单-第五格）

"天气变冷了。"

(44) Мать сшúла дóчери

（母亲-阴-单）（缝制-第三人称单数-阴）（女儿-阴-第三格-间宾）

нóвое плáтье.

（新的-中-单）（衣服-中-单-直宾）

"母亲给女儿缝制了一件新衣服。"

（45）Мой　　　　брат　——　студе́нт.

（我的-单-阳）（弟弟-单-阳）（大学生）

"我的弟弟是大学生。"

（46）Вот　　　дом　　　моего́　　　　　отца́.

（这就是-语气）（房子-阳-单）（我的-阳-单-第二格）（父亲-阳-单-第二格）

"这就是我父亲的房子。"

（47）моя́　　　сестра́　——　молодой　　врач.

（我的-阴）（姐姐-阴-单）（年轻的-阳）（医生-阳）

"我的姐姐是年轻的医生。"

（48）Она́　　была　опытным　　　　　конферансье.

（她-阴）（是-阴）（资深的-阳-第五格）（报幕员-阳-第五格）

"她是资深的报幕员。"

从以上各种语言的语句中,我们可以观察到如下三个方面的显在事实:

第一,名词的性别属类并不囿于名词本身,在语句中,名词的性范畴如同格范畴和数范畴,延展到整个语句的大部分要素。名词预设:语句中的代词、动词以及诸如冠词、形容词、分词、前置词、后置词等等基本都与名词的性别属类保持形式上的一致。所以,除了感叹词和副词以外,绝大部分语词都带有性别语音符号标记。名词的格范畴(包括主格、宾格、呼格、工具格、与格、属格、一格、二格、三格等等)和数范畴(包括单数、双数、复数等等)都与性范畴体系保持形式上和内容上的完整统一。这是以上所有语言所表现出来的性范畴体系的主流现象。

第二,性范畴与结构、语义、格范畴、数范畴等等彼此相互渗透,同时,彼此之间又相互凸显,各自的分类原则和规约交错而和谐:一方面,每一个名词的语音符号变化既是对性别属类的表达,同时也是对语义范畴、格范畴和数范畴的综合表达;另一方面,以名词为核心的语词之间的横向组合完全不同于单个语词性别属类的语音符号标记,每一个语词除了要对单一概念进行指认或自然的区分,同时,还要参与到语句之中,为了语句价值和功能的需要,遵从语词之间磨合、协调之后所获得的语句整体的语义表达方式,由此形成传统规约:语句整体的价值在于一个个单一的语词,而单一语词的价值则又仰仗语句整体。这奠定了语言结构大系统的基础。

第三,语词之间的串联组建了语言线性关系,它们彼此制约,彼此彰显。在语义和结构这两个层面展示高度的性范畴统一形式,这种现象从来都被语言学研究者看作是语法规则事实。但是,也出现语义和结构性别范畴冲突的现象,即语句中基本要素性范畴形式不一致、不协调的现象。核心名词为阳性,修饰名词的形容词也是阳性,而动词、代词、冠词等则有可能是阴性或者阳性,而实际指称的人却是女性。也出现相反的现象,核心名词为阴性,修饰名词的形容词也是阴性,而动词、代词、冠词等则可能是阳性或者阴性,而实际指称的人却是男性。如德语中的第(12)例,法语中的第(18)例,俄语中的第(47)和(48)例。多数研究者将这种现象看作是语法规则例外。

至此,以上是从基本词汇、显在性范畴标示概念到语句层面的性范畴体系一致与非一致的现象,这些观察是最为浅表的、最为基础的,当然也是至关重要的。然而,这些还远远不够,因为无论是从词语结构的角度还是从语句结构的角度,都只是对性范畴的形式做了大体的描写,而没有涉及到性范畴的根本。我们至少还可以尝试从两个不同的角度来再度思考和认识语言中"性"的问题:

一方面,阴性、阳性和中性的区分仅仅在于语言结构的表面形式吗?假如它只是形式上的一种约定俗成的规约,我们便可以说:所有这些词尾都是区分性的标志。可是,区分性标志的价值何在呢?就是为标志而标志吗?

它是不是有可能隐含着某种实在的内容呢？或者说,它是不是具有实际的语义价值呢？如果是这样,我们对它的认识就一定不能够仅仅流于语言结构的表面形态。

另一方面,为什么会有性范畴体系的一致性表现和非一致性表现？非一致性现象应该被视作规则的例外吗？那么,问题的关键在于:是什么使得这些"规则例外"具有了存在的可能？它们存在的依据究竟是什么呢？再回过头来看,究竟什么是"规则"呢？是先于语言事实而存在的理论抽象吗？显然不是。规则又是如何形成的呢？假如它先于语言而存在,我们有理由说出"规则例外";假如它仅仅是人们对业已存在的语言所做出的滞后总结,我们便没有理由说出"规则例外",而只能承认我们对语言的认识尚不够完备。事实上,"规则"只可能是人们对语言事实滞后的总结,对于我们无从归纳的语言现象,应该需要保持一种谨慎的态度,至少,已经总结出来的"规则"不能够关照语言现象的基本面,简单地用"规则例外"来表述,就免不了带有过于简单而缺乏责任之嫌。而如果我们能够扩展视野,这种语义与结构的性别冲突在一种观点之下似乎也已经成为有章可循的局部规则。

所以,通过对以上八种语言语句的对比,我们需要思考:

究竟什么是语言的性别属类？它有着怎样的价值体系？各种语言的性别系统之间是否存在根本的差异？是什么导致不同语言之间性范畴系统的差异？是否存在可稽考、可论证的共性？又是什么使得一个语言性范畴体系内部的"规则例外"具有合法性了呢？

事实上,在认识世界的过程中,几乎所有的民族都共同指认了事物的"性",各个民族的"性"意识却走向了分化的道路:有些民族语言的"性"意识从现实中的具象进入哲学的抽象,而后潜存于语言之中;有些民族语言的"性"意识则从现实中的具象进入语音的实体表达,外显于语言。于是,世界上的各民族语言中所蕴含的"性"意识至少以两种姿态存在:潜在和显在,前者让"性"意识隐匿化,没有显在的语音符号标示,融于语言之中,无形却无处不在;后者则让"性"意识表面化,以特定的语音结构标示。汉语、英语、日语、朝鲜语、马来语等属于前者,梵语、法语、俄语、德语、西班牙语、意大利语等则属于后者。在具有显在性范畴体系的语言里,有些是阴性相对于阳性而存在,阳性则相对于阴性而存在。而有些则是阴性、阳性、中性三者相对而存在。各个民族的语言对同一事物有着相同或不同的性范畴指认。是什么在支配各个民族的性范畴指认呢? 性别分类的依据又是什么呢? 此外,在语言流变的过程中,还出现了另一种相对存在的状态:一些语言至始至终都保留着严格的性范畴一致形式,如梵语、德语、拉丁语、希腊语;而有些语言则在流变的过程中消耗了它的形式,仅仅有一些文字层面形式上的残存,不再有语句中的性范畴一致形式,如英语。实际上,早期现代英语就已经不具有任何性范畴体系的表征。

不妨观察如下语句:

(49)

　　马来语:Saya pelajar.

　　　　　　(我)(学生)

　　　　　　"我是一个学生。"

　　英　语:I　　　am　　　a　　　　student.

　　　　　　(我)(是)(一个)(学生)

　　　　　　"我是一个学生。"

　　日　语:Watakusi-wa　gakusei　　　desu.

　　　　　　(我-主格)　(学生-单)　(是)

　　　　　　(私は)　　　(学生)　　　(です)

　　　　　　"我是一个学生。"

(50)

　　马来语：Pelajar-pelajar　　　　　itu　　rajin.（Sulaiman, P2）
　　　　（学生-单）-（学生-单）（那些）（努力）
　　　　"那些学生们很努力。"

　　英　语：Those　students　are　hard-working.
　　　　（那些）（学生-复）（是）（努力的）
　　　　"那些学生们很努力。"

　　日　语：Sorera-no　　gakusei-tachi-wa　benkyou-nessin desu.
　　　　（那些-属格）（学生-复-主格）（努力的）　　（是）
　　　　（それらの）（学生たちは）　（勉強, 熱心）（です）
　　　　"那些学生们很努力。"

(51)

　　法　语：Je　suis　un　　　　etudiant.
　　　　（我）（是）（一个-阳-单）（学生-阳-单）
　　　　"我是一个学生。"

　　　　Je　suis　une　　　　etudiante.
　　　　（我）（是）（一个-阴-单）（学生-阴-单）
　　　　"我是一个学生。"

(52)

　　西班牙语：El　　　　alumno　　era　muy　joven.
　　　　（定冠词-阳-单）（学生-阳-单）（是）（非常）（年青的-阳-单）
　　　　"这个学生非常年青。"

Los　　　　　　　alumnos　　　están inquietos.

（定冠词-阳-复）（学生-阳-复）（是）（好动的-阳-复）

"这些学生太好动了。"

在（49）和（50）的语句中，没有任何显在的性别属类表达，而在（51）和（52）的语句中，则具有显在的性别属类表达。

那么，什么是"性"呢？语言中为什么会出现"性"呢？为什么会有阴阳性范畴的存在呢？世界上的事物是纷繁多变的，如何就是阴性和阳性所能解释的呢？

其实，语言的"性"并不是一个纯粹的语言学概念，而是一个来自物理世界的哲学观念。语言表达从根本上来说是呈现人类对世界万物的认识和理解。"性"即是人类对世界万物属性的指认，也就是说，性范畴不是对语言本身的规约而是对客观世界的描写和认识。人类对世界万物认识的过程从片面到全面，从局部到全部，性意识的形成过程便是动态而交互的：先感性后理性而后规约感性而后丰富理性，居于人类思想的根基处。可以这么来认识语言中的"性"：性范畴是对世界纲领性的描写和概述，它印证并展示人类认识世界万物的基本出发点。

由此联想到索绪尔的话语：①

……事实上，观念需要的不是一种形式，而是整个一个潜在的系统，有了这个系统，人们才得以获得构成符号的必要对立。符号本身根本就没有任何固有的意义。

① 索绪尔，《普通语言学教程》（第 5 版），裴文译，南京：江苏教育出版社，2002 年版，第137 页。

我们显然不能够安心于把一种语言的整个名词的性范畴分类仅仅看作是语法形式,我们要尝试走到语法形式的背后,看看它可能意味的一个潜在的观念体系、符号体系、联想体系、交流规约以及生命方式。而这一切都应该是整个语言民族所共享的。

第二节　语言性范畴的符号形式

通过对梵语、德语、法语、俄语、西班牙语、意大利语、拉丁语、希腊语等等语言的性范畴和性形式的分析和比较,我尝试得出这样一个结论:性的意识在先,而性的语言符号形式在后;性观念作为一个完整的体系潜存于人的心智,性的语言符号则是用以表达性观念体系的工具。这是一个根本点。在理解性范畴的时候,我们需要清晰地认识到这么一个问题,不可以本末倒置。

研究者通常认为:词尾是性别属类的标记。而事实上,在性别属类与词语末位音之间不存在任何必然的联系,也不存在一一对应的关系。词尾是记录语音的,语音本身并不是决定性别属类的要素,性别属类本身可以部分地决定词尾语音形式。而用什么语音符号来标示性别属类则是各个民族的规约,其中可能不乏偶然或必然的语言交互入侵与借鉴。在几乎所有具有显在性形式的语言中,都不存在绝对的性范畴语音符号标记。没有严格而一致的性别尾音符号标记是各种具有性范畴形式的语言所具有的共性。也正因为如此,我们在描写各种语言性范畴形式的时候更多是采用最为常见的现象。

现在,不妨继续尝试对拉丁语、西班牙语、法语、俄语、梵语、希腊语、意大利语、德语等语言中性范畴符号的基本形式进行观察和考量。

拉丁语

拉丁语区分出三种性别属类:阴性、阳性和中性。

　　阴性名词往往以一个特别的尾音符号-a 来标示,阳性名词却有多个尾音符号,如:-us,-os,-ir,-er 等等,中性名词大体有两个尾音符号-um,-on 来标记。最为典型的例证有:fēmīna(女人)为阴性,vir(男人)为阳性,exemplum(范例)为中性。更多的例证:

阴性	阳性	中性
puella(女孩)	amīcus(朋友)	astrum(星)
rēgīna(女王)	nātus(儿子)	perīcŭlum(危险)
lingua(舌头)	ocŭlus(眼睛)	pōmum(苹果)
patria(祖国)	puer(男孩)	caelum(天空)
rosa(玫瑰)	līber(书)	verbum(词)
vīta(生命)	ager(田地)	dubium(疑惑)

　　当然,以上这些只是一个大体的现象,也就是说,并不是所有具有尾音-a 标记的都是阴性名词,例如:nauta(海员)和 poeta(诗人),这些都是阳性名词。而不带以上所列末位音标记的名词也是存在的,例如:vōcis(声音,阴性),flōris(花朵,阳性),rūris(乡村,中性)等等,它们也各自都有性别归属。

西班牙语

　　西班牙语区分两种性别属类:阳性和阴性。

　　阳性名词大多拥有特别的尾音标记-o,阴性名词也有区别于阳性名词的尾音标记-a。最为典型的例证有:gallo(公鸡),gallina(母鸡)。更多的例证如下:

阴性	阳性
hermana(姐妹)	hermano(兄弟)
ternera(小母牛)	ternero(小公牛)

tía(婶婶)　　　　　　　tío(叔叔)

mesa(桌子)　　　　　　banco(凳子)

cama(床)　　　　　　　libro(书)

madrina(教母)　　　　　padrino(教父)

　　以上算是较为典型的例证,但是,仍然存在为数不少的非典型例证,比方,尾音并不标示性别属类,词语具有相同的末位尾音却属于不同的性别,如尾音标记为-o 却不属于阳性名词,尾音标记是-a 却不属于阴性名词。例如:

阴性　　　　　　　　　**阳性**

mujer(女人)　　　　　　hombre(男人)

madre(母亲)　　　　　　padre(父亲)

mano(手)　　　　　　　problema(问题)

radio(收音机)　　　　　tema(题目)

calle(街)　　　　　　　pan(面包)

　　尽管为数不多,但对末位尾音的性别标示能力有着一定的反观作用。

法语

　　法语区分两种性别属类:阴性和阳性。

　　有不少的阴性名词以-é,-aison, -ace,-esse 等后缀结尾,有不少的阳性名词以-e,-oir, -age 等后缀结尾。最为典型的例证是:laxité(松弛,阴性),ânesse(毛驴,阴性);laxisme(宽容,阳性),âne(毛驴,阳性)。有更多的例证:

阴性　　　　　　　　　**阳性**

vérité(事实)　　　　　　coude(肘部)

pitié(怜悯)   mode(方法)

maison(房子)   couloir(走廊)

saison(季节)   soir(夜晚)

glace(冰)   paysage(乡村)

surface(表面)   orage(风暴)

而相反的例证并不鲜见,还有相当一部分名词并没有如此典型的表现,任何尾音都可能标示不同的性别。例如:

阴性	阳性
nage(游泳)	sud(南方)
fleur(花)	pêcheur(渔民)
loi(法律)	roi(国王)
noix(核桃)	marché(市场)
douceur(柔软)	bonheur(幸福)

由于末位尾音与性别属类之间松散而无定的联系,在法语中,冠词已经成为性别属类最为明确的标示:定冠词 la 和不定冠词 une 标示阴性;定冠词 le 和不定冠词 un 标示阳性。

俄语

俄语区分三种性别属类:阴性、阳性和中性。除了只能用于复数形式的名词以外,如 сани(雪橇),所有的名词都分别属于这三种类别。

名词单数主格的结尾大体标示名词的性别属类。阴性名词的尾音大多为元音-а,-я,部分包括-ь 尾音;阳性名词的尾音标记大多是辅音,部分包括-ь尾音;中性名词的尾音标记大多是元音-о,-е 等。例如:

阴性	阳性	中性
шко́ла(学校)	лес(森林)	окно́(窗户)
а́рмия(部队)	бой(战斗)	собра́ние(会议)
жизнь(生命)	слова́рь(词典)	пятно́(斑点)
ночь(夜晚)	докла́д(报告)	зада́ние(任务)
бума́га(纸)	уро́к(课)	письмо́(信)
минута(分)	час(小时)	море(海)
сфера(球)	сын(儿子)	существо(人)
плоскость(平面)	низ(下面)	плоскогорье(高原)

看似规则的尾音标示实际上却有着不能确定的性别指向,无论是本土名词还是外来名词,也就是说,任一末位尾音都可能成为三种性别属类的标示,由此同样可见性别属类与末位尾音之间松散而无定的关系。例如:

阳性	中性
мужчина(男人)	жюри(陪审团)
юноша(青年)	имя(名字)
де́душка(祖父)	бре́мя(负担)
ко́фе(咖啡)	боа́(披肩)

可以说,在表达性别属类的过程中,末位尾音具有根本上的任意性。在时间和空间的流程中,有些末位尾音相对集中地表示某一特定的性别属类,而后逐步成为约定俗称的表达方式,而有些则处于游离状态,它们是否能够在较长的历史过程中保持相对的稳定,不仅取决于内部语音环境的流变,而且还取决于整个语境的流变。

梵语

　　梵语区分三种性别属类:阴性、阳性和中性。

　　梵语基本上采用末位尾音-ā,-ī,-ū 来标示阴性名词,采用末位尾音-a,
-t,-n 来标示阳性名词,中性名词的尾音标记大多是 -i,-u。最为典型的例证
是:jāyā(女人,阴性),nara(男人,阳性),vāri(水,中性)。有更多的例证:

阴性	阳性	中性
senā(军队)	kārma(工匠)	dadhi(奶酪)
kanyā(少女)	barbara(外国人)	sṛkvi(嘴角)
priyā(妻子)	dhīvara(聪明人)	sthūri(运货马车)
sakhī(女朋友)	mūrdhan(额头)	vedādi(圣音)
hrī(羞愧)	muṣivan(强盗)	sravathu(流动)
mahānasī(厨师)	ojman(力量)	dhārāśru(流泻的泪水)
guṅgū(被人格化的新月)	dat(牙齿)	sthāu(静止之物)
dyū(赌博)	cāritravat(信义者)	dru(木材)

　　和以上各种语言相似,在梵语中,同样也不排除非典型的例证:各样的
末位尾音都可能归入任一性别范畴。例如:

阴性	阳性	中性
buddhi(聪明)	karkaru(白色花)	mauḍhya(愚蠢)
dāman(细绳)	hemâdri(金山)	mūtaka(小篮子)
dadru(皮疹)	codayitṛ(激励者)	dadhṛk(大胆)
cit(精神)	śīteṣu(冷箭)	edhas(繁荣)
sṛj(产生)	śītetarârcis(太阳)	brahman(咒语)

末位尾音只是辨识名词性别属类的一种标记,由于语言之间的相互入侵或者借鉴,由于时间和空间的流变,末位尾音始终处于绝对的变化状态和相对的稳定状态。它是我们认识性别范畴的一种途径,但肯定不是惟一的途径。

希腊语

希腊语区分三种性别属类:阴性、阳性和中性。

希腊语名词有三种典型的形式:第一,以元音-ā 结尾的名词;第二,以元音-ŏ结尾的名词;第三,以辅音如-ξ(κς),-ψ(πς),-ρ,-ν,-σ 等等结尾的名词。第一类多为阴性名词,较为常见的阴性名词的常见尾音是:长-α(ā),短-α(ǎ)和 -η 等;第二类多为阳性名词,较为常见的阳性名词尾音是:-o(ς);第三类既有阴性名词,又有阳性名词,也有中性名词。中性名词常见的尾音是:-o(ν)。典型的例证是:βασίλεια(女王,阴性),ἀνθρωπος(人,阳性),τέχυον(婴儿,中性)。更多的例证有:

阴性	阳性	中性
κωδεια(罂粟头)	ζωμός(调味汤汁)	ἐρείπιον(碎片)
οἰκία(家)	ἀδελφός(兄弟)	ἐργον(工作)
χώρα(国家)	φίλος(朋友)	δωρον(赠品)
γλωττα(语言)	πόλεμος(战争)	θέατρον(剧场)
θάλαττα(海)	λίθος(石头)	σωτρον(铁箍)
ἀδελφή(姐妹)	δημος(人民)	συκίδιον(小无花果)
τεχνη(艺术)	ποταμός(河)	βοτήν(婴儿)
μητερ(母亲)	πατερ(父亲)	υδωτ(水)

仍然存在不少非典型的例证:如 βίβλος(书),νόσος(疾病),ὁδο(路),Κορίνθιος(科林斯女人)等都是阴性名词,而 νεανιας(少年),κριτα(法官)

等则是阳性名词。

意大利语

意大利语区分了两种性别属类:阴性和阳性。

较为常见的阳性末位元音是 -o,-ore,而较为常见的阴性末位元音则是 -a,-tù,-zione,-tudine。例如:

阴性	阳性
ragazza(女孩)	ragazzo(男孩)
donna(女人)	uomo(男人)
gallina(母鸡)	gallo(小公鸡)
mucca(母牛)	toro(公牛)
casa(房子)	poliziotto(警察)
bicicletta(自行车)	rumore(噪音)
gioventù(青年)	motore(发动机)
stazione(车站)	portafoglio(钱包)
solitudine(孤独)	pacco(包裹)

然而,末位元音为 -e,-a 或者-i 的词语,既可能是阳性,又可能是阴性。也就是说,意大利语中为数不少的阳性名词和阴性名词具有共同的末位元音。例如:pane(面包,阳性),brindisi(烤面包,阳性),nipote(侄子,阳性);carne(肉,阴性),analisi(分析,阴性),nipote(侄女,阴性)。

此外,意大利语中的一些动物名称具有一定的特殊性,阳性名词既可以指称雄性动物,又可以指称雌性动物;阴性名词既可以指称雌性动物,又可以指称雄性动物。例如:serpente(蛇,阳性),pesce(鱼,阳性);scimmia(猴子,阴性),tigre(老虎,阴性)。

德语

德语区分三种性别属类:阴性、阳性和中性。

较为常见的阴性、阳性、中性名词尾音依次分别是 -e,-en,和-t。例如:

阴性	阳性	中性
Barriere(障碍)	Faden(线索)	Zelt(帐子)
Linie(线条)	Westen(西方)	Limit(限额)
Grenze(限度)	Nordosten(东北)	Abendrot(晚霞)
Falle(陷阱)	Regen(雨)	Brot(面包)
Szene(图景)	Baumwollballen(棉包)	Restaurantt(餐馆)
Krise(难关)	Rasen(草地)	Boot(小船)
Suche(寻找)	Hafen(港口)	Ballett(芭蕾)
Lilie(百合)	Laden(商店)	Dokument(文件)

跟梵语一样,不排除非典型的例证:各样的尾音都可能归入任一性别范畴。例如:

阴性	阳性	中性
Lokalgottheit(土地)	Charakter(本性)	Phänomen(现象)
Frau(女人)	Mann(男人)	Getöse(尘嚣)
Wortherkunft(词源)	Mais(苞米)	Frühjahr(春天)
Befähigung(才干)	Instinkt(本能)	Festmahl(酒席)
Leiter(阶梯)	Gletscher(冰川)	Seitentor(旁门)
Fahrt(旅行)	Herbst(秋天)	Gebäude(建筑物)

观察至此,我们可以说,在德语中,末位尾音并不是性别属类确切的标

示,通过末位尾音标记来判断词性是相当困难的。德语的冠词已经成为显在的精确性别标记:die 标示阴性名词,der 标示阳性名词,das 标示中性名词,而复数名词的定冠词则统一为 die。

　　语言性范畴符号形式彰显潜在的性观念体系。对于了解先民认识世界万物的基本方式,对于描写并解释语言的本质以及清晰地表达概念,性范畴符号具有不可或缺的指示作用。

　　那么,性范畴符号形式在语言之中究竟有着怎样的价值呢?它在多大的程度上具有系统性、一致性、确定性呢?它又是如何形成的呢?它直接介入语义层面吗?如果是,那么,不具有语言性范畴形式的语言是否有任何的语义缺失呢?

第三节　性范畴观念体系的形成过程

　　不同的民族对世界有着不同的观点,有些民族的先民区分出二世界,即天界和地界;有些民族的先民将世界区分为三界,即天界、地界和空界;有些民族的先民将世界分为六界,即天界、灵界、凡界、魔界、鬼界、冥界。天、灵、凡三界通常被称为上三界,魔、鬼、冥通常被称为下三界。有些民族的先民则区分出七世界甚至更多的世界。这无一不体现各个民族的观点和视野。

　　以梵语先民为例。他们从自我的角度出发,在视力所及的范围内区分了三世界:天界、地界和空界。"天界"为 nāka-loka,即"诸神的世界",归入阳性范畴;"地界"为 pṛthivī-dhātu,归入阴性范畴。"天界和地界"又称 loka-dvaya(二世界),归入中性范畴。"空界"为 antarikṣa-loka,归入阳性范畴。从 antarikṣa-loka(空界)这个词本身来分析,它由三个部分组成:antar, ikṣa, loka。其中,antar 意为"在内部","在……之中";ikṣa 意为"观看","考量",归入阴性范畴;loka 意为"空间","世界",归入阳性范畴。"空界"所指称的是"对内部观看所获得的空间","有无之间"。梵语先民基本的观望角度便是:向上、向下、向内。

在俯仰之间,梵语先民首先观察到:

sura(天空,阳性)　　　　　　pṛthivi(大地,阴性)

bālâruṇa(黎明,阳性)　　　　doṣā(黄昏,阴性)

śikhara(山峰,阳性)　　　　　gmā(大地,阴性)

giri(山岳,阳性)　　　　　　rīti(河流,阴性)

īśâcala (喜马拉雅山,阳性)　haimavatī(恒河,阴性)

dina(日,阳性)　　　　　　　rātri(夜,阴性)

dig-anta(地平线的尽头,阳性)　āsannataratā(至近处,阴性)

velādri(海岸的山,阳性)　　　velikā(海岸的土地,阴性)

sānu(山顶,高地;阳性,中性)　sārani(溪流,水渠;阴性)

badara(枣树,阳性)　　　　　badarī(枣子,阴性)

saṇḍha(去势者,两性体;阳性)　saṇḍhatā(去势者,无法性交的人;阴性)

śārva(东方,阴性)　　　　　　vāyavī(西北,阴性)

puruṣa(人,男人;阳性)　　　puruṣī(女人,女性;阴性)

从具象观察转向抽象归纳,从对自然的指认到对社会的指认,在不断发展和丰富的过程中,先民获得:

puruṣa(人,男人;阳性)　　　puruṣāyuṣa(人生,人的一生;中性)

ā-sāda(脚架,坐垫;阳性)　　ā-sadana(坐席,席位;中性)

sikatā (砂砾,沙粒,细石;阴性)sikatātva(砂砾的本质,沙粒的状态;中性)

veṇu(芦苇,阳性)　　　　　　veṇu-gulma(芦苇丛;阳性,中性)

artha(金钱;阳性)　　　　　　artha-jāta(财产的积累;中性)

sapta-lokī(七大陆,阴性)　　sapta-loka(七世界,阳性)

kāma(性爱,快乐,乐欲;阳性) kāma-bala(性能力,愿望之力;中性)

mati(知性,感觉,智慧;阴性) mati-karman(取决于智力的问题或事情;中性)

mati-patha(深思之路,阳性)　mati-dvaidha(见解的差异,中性)

nyāya-śikṣā(论理,逻辑;阴性) nyāya-śāstra(论理派学说,论理学书;中性)

bahir-artha(外部的事物,阳性) bahir-an·gatva(外在,非本质;中性)

bindu(水滴,阳性)　　　　　vāri(水,中性)

bodhi(开悟,菩提;阳性,阴性)bodhi-bala(开悟力,菩提力;中性)

　　继而展开更为深入的思辨的过程,例如,梵语先民推绎出"三学",即śaikṣī(有学,阴性),aśaikṣī(无学,已无可学,学道圆满;阴性),naivaśaikṣī-nâśaikṣī(非学非无学,非有学非无学;阴性)。他们对天界、地界、空界形成更多的指认:

artha(事物;中性)　　　　　arthābhāsa(镜像,所现虚妄相,无物见物;中性)

bhūta(存在物;阳性,中性)　asad-bhūtatva(非在物,无所有;中性)

dhātu(界,身界,世界;阳性)　adhātu(无界的自性,非界,非世界;阳性)

viṣaya(领域,客体,所行境;阳性)sarva-viṣaya(一切的关联,一般性;阳性)

adhy-ātmika(内在,内处;阳性)　bāhyârtha(外在事物或实体,外境界;阳性)

ātma-bhāva(自我之存在;阳性)　ātmatva(我性,本质,本性;中性)

artha-kārśya(贫穷;中性)　　arthârjana(富有;中性)

śapati(诅咒;阳性)　　　　śāpatā(被诅咒;阴性)

　　与此同时,又开始对具象、抽象事物更为细致的指认。以"女性"为例,所有的名词都归属阴性范畴:

bālika　　　　　　　少女

nagnikā　　　　　　月经前的少女

gaurī	月经前(八岁)的少女
kumārī	十岁至十二岁的少女,处女
kula-duhitṛ	有教养的处女
udakyā	月经中的女人
puṣpiṇī	想性交的女人
gamya	可性交的女人
rāmā	年轻貌美的女人
gaṇikā	淫荡的女人
gāyakī	女歌手,会唱歌的女人
ghariṇī	足不出户的女人
gṛha-dīpti	有品德的女人,家庭之荣耀
gṛhīta-garbhā	怀孕中的女人
bahu-bhogyā	卖淫的女人
lolâkṣikā	眼神飘忽的女人
natângī	婀娜的女人
su-vāsinī	仍然住在父亲家里的(已婚或未婚的)未成年少女
tanv-aṅgī	肢体娇弱的女子
rambhā	妓女
taruṇī	处女
tapasvinī	不幸的女人
pra-jāyinī	即将生产的女人
nīrajâkṣī	目若莲花的美丽女人
pritya-nivedikā	带来好消息的女人

　　所有的指认都是在交错中进行的。梵语先民视野由此形成阴、阳、中相对的世界:阴、阳、中相对存在于一切事物和现象之中。先民的认识一步步

地丰富起来,在民族的心智中,逐渐形成一个由语言构成的世界,它反映并再现天界、地界和空界,并形成一个完整而自足的语言性范畴体系。

与梵语先民相同,俄语先民也将自然世界中的一切进行了阴性(женский род)、阳性(мужской род)和中性(средний род)的分类。俄语先民首先指认了黑暗与光明的相对存在,将 день(白天),свет(光)归入阳性,而将 ночь(夜晚),тьма(黑暗)归入阴性。将积极、光明的事物归入阳性,而将消极、黑暗的事物归入阴性。由此延伸出更多的相对指认,包括光明与黑暗、鲜亮与晦涩、人间与阴间、生命与死亡、美丽与丑陋、真实与虚假、吉祥与灾难、快乐与悲伤、平和与躁动、明智与无知、全部与部分、核心与外在、强势与弱势,在每一个相对的概念中,前者被视为如同"白天"一般的积极而令人愉悦,强势而令人敬畏;后者则被视为如同"黑夜"一般的消极而令人不快,弱势而令人怜惜。俄语民族指认了:снег(雪),плод(果实),приятель(朋友),шторм(暴风),шум(喧嚣),разрыв(爆发),отлёт(起飞),образец(榜样),норматив(标准),ландшафт(风光)等等,并将它们归入了阳性的范畴;同时也指认了:часть(部分),хижина(小屋),спина(脊背),сплетня(谣言),шайба(垫圈),ошибка(错误),хандра(忧郁),скорбь(悲痛),слепота(盲目),качка(颠簸)等等,并将它们全部归入了阴性的范畴,扩展了俄语民族对自然乃至社会的最初是非指认:

阳性	阴性
фасад(正面)	сторона(反面)
центр(中心)	форма(外形)
хохот(大笑)	ярость(狂怒)
шедёвр(杰作)	шель(裂缝)
чин(官吏)	беднота(贫民)
суверенитет(主权)	ссылка(放逐)
рост(生长)	смерть(死亡)

рай(天堂)　　　　　　пропасть(深渊)

строй(制度)　　　　　　свобода(自由)

зксплуататор(剥削)　　　зкономия(节俭)

同时,俄语民族指认了男性和女性,前者为阳性,后者为阴性。但凡与男性相关联的甚至是男性使用的工具都大体归入阳性,而与女性相关联的甚至是女性使用的工具则大体归入了阴性。而那些与男性或女性少有关联的则归入了中性。例如:

阳性	阴性	中性
дед(祖父)	бабушка(祖母)	чучело(稻草人)
отéц(父亲)	матъ(母亲)	суеверие(迷信)
муж(夫)	женá(妻)	строение(结构)
брат(兄弟)	сестрá(姐妹)	средство(工具)
холостяк(单身汉)	швея(女裁缝)	сознание(知觉)
топор(斧头)	чашка(碗)	слово(言论)
нож(刀)	тарелка(盘)	свойство(特性)
лук(弓)	кастрюля(锅)	свершение(成就)
молот(锤子)	печка(炉)	рыболовство(渔业)
штык(刺刀)	чистка(刷洗)	растение(植物)

而对于动物的指认,俄语先民则有完全不同的认识。虽有些归入了阴性或者阳性的范畴,却都包含了对雌、雄的共同指认,换句话来说,动物名称的雌、雄并没有获得语音形式的区分。例如:

阳性	阴性
чиж(黄雀)	цапля(苍鹭)

соловей（夜莺） соваа（枭）

слон（大象） соболь（貂鼠）

сверчок（蟋蟀） свинья（猪）

барс（雪豹） сараича（蝗虫）

有些则按照动物天然的性别而区分了阴性和阳性。例如：

阳性	阴性
павлин（雄孔雀）	пава（雌孔雀）
ворон（雄乌鸦）	ворона（雌乌鸦）
волк（公狼）	волчица（母狼）
конь（公马）	лошадь（母马）
кот（公猫）	кошка（母猫）
петух（雄鸡）	курица（母鸡）

从当下的观点来看,俄语性别范畴体系似乎是有其不可知的部分。同样是对动物的指认,却没有按照一个基本的思路或者原则来进行性别属类的指认。同时,我们也无从构想:为什么 Япония（日本）为阴性而японец（日本人）却是阳性? 为什么 Эстония（爱莎尼亚）是阴性而эстонец（爱莎尼亚人）却是阳性? 为什么 Франция（法国）是阴性而француз（法国人）却是阳性? 是因为俄语中的"国家"概念归属于阴性,"人"的概念归属于阳性,而由此推衍出任何国家的名称在俄语中都归入阴性,任何国家的人都归入阳性吗? 那么,俄语中"国家"概念为什么归属于阴性而"人"的概念则归属于阳性呢? 支撑这样一个性别范畴体系的应该是一个丰富而庞大的民族文化,需要从局部深入,寻找可能的规律和不可避免的偶然。

汉语先民也尝试将世间万物划分出自然的阴、阳性别。但与梵语先民不同,汉语先民是从对自然天象的了解出发的,他们将月、日光影的区分抽象为阴性与阳性,并推展到对世界万物的认识。更为重要的是,汉民族的性意识没有走向语言的表面,而是深入到哲学思辨的层面,把阴、阳升华为"范围天地"、"曲成万物"的最高哲学范畴,成为汉民族思想的暗流和最具影响力的哲理和数理:阴阳对立,阴阳互根,阴阳消长,阴阳转化。任何事物的内部都存在阴阳两个方面的对立统一,它的发生和发展也是阴阳对立统一的结果。"阴"与"阳"这两个相对的概念是抽象的结果而不是具体的事物。"阴"表示消极、退守、柔弱,一切具有这些特性的事物和现象都归入"阴性";而"阳"表示积极、进取、刚强,一切具有这些特性的事物和现象都归入"阳性"。两者相推、相摩、相荡,生化出无穷的变化,而"阴阳"本身则是有名而无形。[1]

根据《周易·说卦》:

> 立天之道曰阴与阳,立地之道曰柔与刚,立人之道曰人与义。

再根据《周易·系辞上》:

> 一阴一阳之谓道,继之者善也,成之者性也。

汉民族的性范畴系统体现了一种动态的循环与交替,"阴阳"本身只是一个静态的概念,而"一阴一阳"则传达阴与阳之间的变化、循环。因为阴与阳的动态流变,才有了"继之者"和"成之者"。这其中包含了时间和空间的动态描述,包含了感性和理性的交互思想,包含了具象与抽象的交织过程。正如《周易·系辞上》所记录:

> 乾道成男,坤道成女。

---

[1] 龙建春,《阴阳家简史》,重庆出版社,2008 年版,第 36—98 页。

　　所以,才有了"乾宅"即"男家","坤宅"即"女家"之说。一切自然的和社会的事物或现象都以阴阳大义区分,确立阴与阳的对立。①我们不妨尝试从自然与社会这两个方面来观察汉民族性范畴观念体系的基本样态:

自然阴阳属类		社会阴阳属类	
阳	阴	阳	阴
日	月	大国	小国
天	地	大事	小事
男	女	重国	轻国
春	秋	伸者	屈者
夏	冬	主	仆
昼	夜	长者	少者
始	终	男人	女人
动	静	父	子
升	降	兄	弟
刚健	柔弱	贵	贱
西北	东南	达	穷
秋冬之交	夏秋之交	娶妇	丧妇
凸	凹	制人者	制于人者
奇数	偶数	主	客
生	杀	师	役
长	消	言说	沉默
进	退	父	母

---

① 参见:《黄帝内经》。

| 上 | 下 | 给予 | 接受 |
| 前 | 后 | 沉 | 浮 |

汉语通过阴阳,对整个世界进行了动态的描写和指认,彰显世间万物之间的相对关系:相反而相承,对立而统一。阴阳成为万物的基本构成要素,是一分为二的,又是二合为一的。儒家致力于太极的义理阐释,倡导中庸和谐的思想;道家则致力于太极的术法应用,追求清静无为的境界。在阴阳性深入到汉民族的思想深处之时,汉语言却将其隐匿在语言之中,深藏而不露。汉民族思想中的阴阳性可以共存于同一事物的内部,可以是同一事物的两个方面,还可以是两类事物的对立。这些阴阳对立的现象是相对稳定的,却又是不断变化的,有循环交替,有反复衍生。这就导致新的阴阳对立,新的阴阳结构。阴阳在汉民族的心理视野里是万物得以平衡、共存的基础,是万物组成的混元之气。阴阳性在汉民族的心目中已经幻化为无数抽象的意念,承载性范畴传统的思维方式,并作为民族的集体无意识从一代人传到又一代人。

汉语的"阴阳"是从地理的阴阳走向哲学抽象的:阴阳渗透到思想的深处,无处不在,无时不在,却以动态、转化的抽象解释世界万物,成为潜存于汉民族心智内的性范畴体系,而没有在语言系统中形成表面化的系统规约。所以,汉语中的性范畴并不是一个纯粹的语言学概念,而是一个来自物理世界的哲学概念。

汉语的性范畴呈现世间万物,却没有形成语言性范畴体系,从根本上来说,这是因为它缺乏语言物质基础而成为潜在的或隐匿的语言事实。应当说,任何思想、语义的表达都必须依赖于语音,而汉语词的语音是相对封闭而固定的,既没有前位首音,也没有末位尾音。反映到文字的层面,便没有前缀和后缀,没有以词根为核心的词形改变,这样,它便不可能为性范畴体系提供任何可能的物质基础,也便没有能力携带或支撑性范畴体系。语言性范畴体系的形成必须是以语言物质条件为基础的。

至此,我们对性范畴有了进一步的理解:语言表达从根本上来说是呈现人类对世界万物的认识和理解。性范畴即是人类对世界万物属性的指认,也就是说,性范畴不是对语言本身的规约而是对客观世界的描写和认识。所以,它可以是显在的,也可以是潜在的。人类对世界万物认识的过程从片面到全面,从局部到全部,性意识的形成过程便是动态而交互的:先感性后理性而后规约感性而后丰富理性,居于人类思想的根基处。可以这么来认识语言中的"性":性范畴是对世界纲领性的描写和概述,它印证人类认识世界万物的基本出发点。

第四节　性范畴的分类原则

各种语言的性范畴体系大体分解为阴性和阳性,或者阴性、阳性和中性。分类的范畴彼此对立,并相互依存,从根本上构成一个性范畴的整体。这个整体一方面依靠着阴性和阳性及中性,另一方面,又从宏观上调节阴性与阳性及中性的平衡对立。

将世界万物分为两个相对独立又相对依存的部分似乎是人类对世界认识和理解的基本路径,形成诸如:阴性与阳性、中性与通性、动物与植物、表象与实质、善良与邪恶、积极与消极等等。

根据考尔伯特(1991),有些语言的性别分类完全依据语义:但凡指称或描写女性、雌性的名词都是阴性,但凡指称或描写男性、雄性的名词都是阳性,其余的则都归入中性。有些语言则部分地依据语义,部分地依据形式。①

那么,是不是存在着这么一个基本的分类标准呢? 抑或是有多个标准呢? 阴性和阳性分别有着怎样的内涵呢? 是否有更多细微的分类和再分类? 我们应该从哪个角度来追寻性范畴划分的依据呢? 是从现存的语言性别属类形式来进行推绎? 抑或是走到语言的背后,看支撑语言性范畴形式的基础呢? 往往,最为明显的现象却是最难以解释的。

---

① Corbett, Greville. *Gender*. Cambridge: Cambridge University Press. 1991. PP7—12, PP57—69.

我们不妨以希腊语、梵语、德语和法语这四种语言为例,进行较为仔细的分析。就语言形式而言,它们的性范畴是显在的,希腊语、梵语和德语的性范畴体系区分出三种性别属类,即阴性、阳性和中性,而法语则只区分出两种,即阴性和阳性。

希腊语

通过对希腊语的总体观察,我们大体可以尝试总结出五条基本的分类原则,或许这只是表面的现象,但这些规则至少可以帮助我们进一步考量希腊语的性范畴分布。

第一,但凡与心智、情感、情绪、青春以及价值判断等相关联的名词大体归入阴性范畴, 例如:χρησμοσύνη(贫穷), σῖγάς(安静), χρημοσύνη(缺乏)等等都归入阴性范畴。有更多例证:

阴性	阴性
ἀγάπησις(爱情)	πολυτροπία(多才智)
φῐλεταιρία(友爱)	πολύφροντις(忐忑不安)
ἀγαλλίᾱσις(欢乐)	πονηρία(邪恶)
ἀγανάκτησις(气愤)	πρᾶϋπάθεια(性情温和)
χλοῦνις(青春)	πρόσκλῐσις(偏心)
τηκεδων(心伤)	σεμνότης(腼腆)
στάθμη(正确)	στονᾰχή(悲叹)

第二,但凡与强者、强势群体以及优越职业相关联的的名词基本都归入阳性范畴。

阳性	阳性
ἀγγελια-φόρος(使者)	πρωτ-ἀγωνιστής(主角)

ἀγός(领导人)   ῥυτήρ(弓箭手)

χρήστης(债权人)   στέγ-αρχος(一家之主)

χρημᾰτιστής(商人)   στρᾰτ-ηλάτης(司令)

φύλ-αρχος(部落长老)   πρόμος(头目)

πομπός(引导者)   προ-πάτωρ(鼻祖)

πόντῐ-φεξ(高僧)   ἀστῠάναξ(一城之主)

τελέστωρ(官吏)   τέκτων(设计者)

第三,包括人在内的具有天然性别区分的动物名词,女、雌、母为阴性范畴,例如:βασίλεια(女王),πόρνη(妓女),ποντοκυκη(悍妇)等都归入阴性范畴。男、雄、公则归为阳性范畴,例如,τόκος(儿子),τειχο-φύλαξ(守城墙的哨兵),πατερ(父亲)等都归入阳性范畴。值得一提的是,人或动物的哺乳或弱小时期基本都归入中性范畴。

阴性	阳性	中性
χίμαιρα(母山羊)	χίμαρος(公山羊)	τρᾰγ-ίδιον(小公山羊)
πρεσβῦτις(老太婆)	πρεσβύτης(老头子)	βοτόν(婴儿)
πωμαρίτισσα(女水果商人)	πωμαρίτης(水果商人)	πραγμάτιον(小诉讼)
μητρυιά(继母)	προπένθερος(岳父的父亲)	τεττίγιον(小蝉)
στρᾰτηγίς(女将军)	στρᾰτ-αρχης(将军)	τέκος(孩子)

至于非生物类的事物,它们相对的较小状态也都基本归入中性范畴,不妨做一番比较:

阴性	中性
πτέρυς(羽翼)	πτερύγιον(小羽翼)

ῥίζα(老根)   ῥίζῐον(小根)

ῥύσις(河流)   ῥύμα(小溪)

σπῠρίς(提篮)   σπῠρίδιον(小提篮)

阳性	中性
πωγων(胡子)	πωγωνιον(小胡须)
φορμύνις(无花果)	συκίδιον(小无花果)

希腊语中有更多表示"小"的名词,几乎全部都归属于中性范畴:

中性	中性
σκαλλίον(小杯)	σκᾰφίς(小盆)
σκευάριον(小碗)	σκηνύδριον(小帐篷)
σκορδύλη(幼小金枪鱼)	σκυλάκευμα(小狗)
σκωμμάτιον(小戏谑)	σταμνίον(小酒坛)
στεφάνιον(小花环)	στοιχεῖον(小立柱)
στόμιον(小嘴巴)	στρουθίον(小麻雀)

值得注意的是,恰恰是共同的语义内涵"小"和共同的性范畴归属使得几乎所有这些名词都具有了相似的末位尾音。当然,也存在表示"小"的名词却归入阴性或者阳性的,不过,为数甚少。例如:σκωψ(小猫头鹰,阳性)。

而有些动物,无论雌雄,只有一种性别属类。这种现象是各种语言的共性特征之一。例如:

阴性	阳性
βασκάς(鸭子)	βατραχος(青蛙)
βουτάλις(夜莺)	βίσων(野牛)

τυλάς(画眉鸟)   φλεγύας(红棕色秃鹫)

τρωξαλλίς(蝗虫)   τόργος(兀鹰)

τευθίς(墨鱼)   τεττιγοφόρος(金蝉)

τέτριιξ(田云雀)   τετράων(黑松鸡)

σπίζα(苍头燕雀)   ποῦπος(戴胜)

συνοδοντίς(金枪鱼)   σκίναξ(兔子)

第四,强势与弱势相对,前进与后退相对,集体与个体相对,抽象与具象相对,上位与下位相对,生发与消亡相对,光明与黑暗相对,喧嚣与安静相对。统称词则基本归入中性范畴。

阴性	阳性	中性
σύγχν̆σις(动荡)	στηριγμός(稳定)	βουφόρβια(牛群)
στέρησις(丧失)	πορισμός(获得)	πρόβατον(牲畜)
συμφορά(不幸)	πότμος(好运)	βοτόν(家畜)
χλϊδή(娇柔)	πρηστήρ(大雷雨)	πόρευμα(交通工具)
πτωχός(卑躬屈膝之人)	σίντης(抢劫者)	πόρισμα(命题)
σχολαιότης(懒散)	προκοπή(前进)	πραγος(政事)
πρυμν-ώρεια(山麓)	στόνιξ(尖端)	προαίρεσις(哲学学派)
ἀπογένεσις(死亡)	πτόρθος(出苗)	πῶγ(羊群)

第五,树木、花草、蔬菜、瓜果类植物大多都归入了阴性范畴,归属阳性范畴和中性范畴的名词并不多,例如:

阴性	阳性	中性
ἀβυρτάκη(韭菜)	φορμύνις(无花果)	ἀγριο-σικυον(黄瓜)
ἀγρίολον(芹菜)	φλεως(芦苇)	φυλλείον(草本植物)

ἀγλαοφωτις(牡丹)　　στᾰφῠ̂λῖνος(红萝卜)ῥοδ-άκινον(油桃)

φιλύκη(水蜡树)

ῥόα(石榴树)

τορνία(葡萄)

ροδωνία(玫瑰花)

σῡκάμῑνος(桑树)

从以上的性别分类例词,我们可以大体观察希腊语先民对世间万物的基本指认路径,同时,在对希腊语词汇性别范畴进行广泛观察的过程中,我们也可以观察到他们所崇尚的基本社会价值观、道德观以及是非观。比方,χρῆμα(钱财),这个名词归入中性范畴,它同时指称"使用之物"、"必需之物"、"庞然大物"、"怪异之物"。由此所投射出的民族心智和气质值得深入发掘。这在含有 χρῆμα(钱财)的谚语中昭然若揭:

κρείσσων χρημάτων.

·(超越)　(金钱)

"拒贿者高明。"

有趣的是,希腊语中的术语(ὄνομα)性别归类有着基本的取向,即阴性。以语言学术语为例:προσηγορία(普通名词,阴性),πτῶσις(名词变格,阴性),συνέλευσις(元音融合,阴性),ῥητορική(修辞学,阴性)。当然,也有其他性别属类,但是,为数极少,例如:ὄνομα(包括形容词在内的名词,中性),ῥῆμα(动词,中性)。不过,有趣的是,希腊语中的ὄνομα(术语)这个名词,它本身却归属于中性范畴。

梵语

尝试对梵语词汇进行总体的观察,我发现其中可能存在的五条基本分类规则：

第一，一般性的事物概念或集体性的行为或状态统归为中性，例如：āyuskatva（寿量），gāja（象群），garīyastva（重量，沉重，重要性），gāritra（米，谷物），gauratva（白色），gaveṣaṇa（探索）等等。偶然的事件、个体的行为或状态则归入阴性或阳性范畴。例如，geha（家）为一般性的事物概念，归为中性范畴，而 geha-dāha（火灾）则归为阳性。这个词由两个部分组成：geha（家，中性）和 dāha（燃烧，阳性）。家中着火纯属是偶发事件。一般与偶发、群体与个体相对存在，有更多的例证：

中性	阴性	阳性
go-mithuna（公牛和母牛）	gonī（母牛）	goṇa（公牛）
ḍhaukana（礼物）	dhāsi（滋养品）	haviḥ-śeṣa（剩余供品）
jalpana（说话）	jalpi（低语）	vādin（说话的人）
pretatva（死亡状态）	preta-purī（死亡之地）	preta（死者）
janana（存在）	jaras（老衰）	janmin（生物）

第二，具象事物与抽象事物相对应，外在事物与内在事物相对应，先前事物与后来事物相对应，强势与弱势相对应。看得见、摸得着的具象事物、外在事物，或者完善、美好并具有力量的强势现象或事物多为阳性范畴；而看不见、摸不着的抽象事物、内在事物，或者残缺、消极以及并不具有力量的弱势现象或事物多为阴性范畴。有趣的是，bahir-artha 指称"外部的事物"，bāhyârtha 指称"外在意义"，它们本身就都是属于阳性范畴的。但是，具象与抽象、外在与内在、强势与弱势都是相对而存在的。例如，相对于人的身体，bāhava（手臂）是外在的，归为阳性。就手臂本身而言，以肘关节为界，前部为 bāhu（前胳膊），是外在的，为阳性范畴，后部为 bāhā（上臂）是内在的，为阴性范畴。有更多的例证：

阴性	阳性
īśvaratā(统治权)	bāhu-pāśa（手铐）
buddhi（智慧）	mūrdhan(头)
bāṇatā（箭的本质）	bāṇavat（箭,箭筒）
pāṇi-rekhā(掌纹)	kara(手)
antarikā（内部）	bahu-loka-dhātu（无量世界）
dhāsi(家,住所)	loka（场所）
śākhā（枝叶）	vṛkṣa(树木)
kula-saṃtati(子孙,后裔)	kula-kara(祖先,祖宗)

第三,单个具体事物的概念为阴性或阳性,双数或更多的具体事物概念为中性。例如,sukhitā(幸福)为阴性范畴,而 śata-sukha（百倍的幸福）则是中性范畴;再如,bhāṣā(语言)为阴性范畴,而 bhāṣā-traya(三种语言)则为中性范畴。指称"众多"概念的词 badva 本身就是一个中性的名词。有更多的例证:

中性(双数或复数)	阳性(单数)
tri-pakṣa（半月的三倍,一个半月）	pakṣa（半月）
bahu-dāna（许多礼物）	dāna（礼物）
bahu-dhenuka（很多乳牛）	dhenu(乳牛)
go-kula(牛群)	go-pati(牛群之王)
uttarâdhara（双唇）	oṣṭha（唇）
dhūrta-traya(三个坏蛋)	dhūrta(坏蛋)

第四,包括人在内的具有天然性别区分的动物名词,女、雌、母为阴性范畴,男、雄、公为阳性范畴。例如:bālā（女儿,年轻女子,一岁母牛）,bāndhavī（女性亲属,女眷）,karkā（白色的母马）等都属于阴性名词。有

更多的例证：

阴性	阳性
biḍālā（母猫）	biḍāla（猫）
vṛkī（母狼）	vṛka（狼）
chagali（母山羊）	chāga（公山羊）
kukkuṭī（母鸡）	kukkuṭa（公鸡）
śakuntikā（雌小鸟）	śakunti（小鸟）
tanu-jā（女儿）	tanu-ja（儿子）

第五，自然地理名称中，江、河的名称基本都是阴性，山脉和海洋的名称多为阳性：

阴性	阳性
haimavatī（恒河）	īśâcala（喜马拉雅山）
kūlavatī（河）	haimâcala（雪山）
taraṅgavatī（江，河）	lavaṇâbdhi（大洋）
rīti（河流）	paścimâmbudhi（西方的大海）
kulaṃ-punā（库拉普纳河）	īśâ-dhara（特轴山）
sindhu（印度河）	vaikaṅka（腓坎卡山）

阴性、阳性、中性是梵语先民对包括自身在内的世界万物直接观察而获得的基本抽象。

以上这些规律只是我对梵语以近推远、以今推古的初步探讨，所归纳的分类只是其中的基础或表面部分。有必要指出，性范畴体系本身相对稳定，却由于时间和空间的不断流转，又由于梵语先民认识世界万物的渐变与突变,性范畴体系从来就没有停止过与时俱进的流变,当然,偶尔、零星的流变并不足以构成对传统秩序的挑战,因为任何流变都只能是以传统为基础的,同时,流变也不会给民族或社会集团内部或外部的交流带来任何困难。但是,流变的发生给我们带来理解和解释的困难。例如,吠陀梵语时期,bāhava(手臂)归入阳性,但是,到了古典梵语时期,bāhā(手臂)与 bāhava(手臂,阳性)共时并存,几近取而代之,而且,改变了它原本的性别属类,归入阴性范畴。关于性范畴的流变,我们在第二章第五节中将有所涉及。事实上,我们难以找到能够全面解释整个性范畴体系分类的规律,更难予以论证。例如,我暂且不能够解释为什么单数的 koṭika(句)归入中性而复数的 catus-koṭikā(四句)则归为阴性;也还不能够为性别属类的流转找出一般的规则。如果简单地将其称为"规则例外",无异于是将这些现象推入了不可知的境地。希望能够随着我对梵语,包括吠陀梵语和古典梵语研究的深入,逐渐明晰它们存在并流变的基本理据。

德语

和梵语一样,德语也区分了三种性别:阴性、阳性和中性。每一种性别都具有严格的性别冠词标示:阴性冠词为 die,阳性冠词为 der,中性冠词为 das。

我最初注意到德语性范畴的特殊性是因为 Sonne(太阳)为阴性名词,而 Mond(月亮)为阳性名词,这和大多数民族语言性范畴体系分类中的"太阳"和"月亮"的性别归属正好是完全相反的,多数民族语言中的"太阳"概念归为阳性,"月亮"概念归为阴性。世间万物的生发与终结相对立,在多数民族语言的性范畴分类系统中,"生发"的概念基本都归入阳性范畴,而"终结"的概念则归入阴性范畴,而德语偏恰恰相反,例如:Anfangsstufe(开始),Geburt(出生)为阴性名词,Schlusses(结束),Tod(死亡)为阳性名词。由此我尝试对德语词汇进行更为广范围的观察:Brillanz(光辉),Sonnenstrahlung(光照),Lichtquelle(光源)都归为阴性名词,而 Schattern(暗影),Meuchelmord(暗害),Spitzel(暗探)都归为阳性名词。Heiligkeit(神圣,圣洁)归为阴性,Dreck(肮脏,龌龊)则归为阳性。德语似乎隐含了一个完全不同的语言性意识和性范畴体系。以"树"为例。Hain(树丛),Baum(树),Stamm(树干),Setzling(树苗),Wipfel(树梢),Zweig(树枝)全部都归入阳性范畴,偏偏就 Rinde(树皮)这一外在之物归入阴性范畴。再以"山"为例。Berg(山),Bach(山沟),Gebirgsbach(山涧),bergfuß(山脚)都归入阳性名词,偏偏 Bergspitze(山头)归入阴性名词。在更为深入的分析和观察中,我探寻到德语名词中可能存在的五条基本规则:

第一,指称自然事物或现象的概念,包括天、天气、节气、季节、山脉以及与时间相关的星期、月份等等大多都归入阳性。而指称社会或人文事物或现象的概念大多归入中性。例如:Nebel(雾),Himalaja(喜马拉雅山)归为阳性名词,而 Festival(会演),Ehepaar(夫妇)则归为中性名词。有更多的例证:

阳性	中性
Tag(天)	Laboratorium(实验室)
Wind(风)	Technikum(工业学校)
Schnee(雪)	Telefon(电话)
Montag(星期一)	Parteistatut(党章)
März(三月)	Lagerhaus(堆栈)
Altai(阿尔泰山)	Kollektiv(集体)

第二,抽象名词与具象名词相对立,前者归入阴性,后者归入阳性。集合名词则多为中性。例如:

阴性	阳性	中性
Ausflucht(推托的借口)	Schild(挡箭牌)	Obst(水果)
Schlußfolge(推理)	Motor(发动机)	Gepäck(行李)
Schwierigkeit(困难)	Hemmschuh(绊脚石)	Gemüse(蔬菜)

Freundschaft(友谊)　　　Freund(朋友)　　　Holz(木材)

Gedankernströmung(思潮)　Sand(砂粒)　　　Fluβnetz(水系)

Technik(技术)　　　　　Flughafen(机场)　　Kostüm(服装)

第三,包括人在内的有天然性别区分的动物名词,女、雌、母归为阴性范畴,男、雄、公归为阳性范畴,少、小、幼则为中性范畴。例如:Bruder(兄弟)为阳性名词,Frau(女人)为阴性名词,Mädchen(女孩)为中性名词。有更多的例证:

阴性	阳性	中性
Mutter(母亲)	Vater(父亲)	Kind(婴儿)
Kuh(母牛,母兽)	Stier(公牛)	Kalb(小牛)
Stute(母马)	Hengst(公马)	Pferdchen(小马)
Henne(母鸡)	Hahn(公鸡)	Küken(雏鸡)
Sau(母猪)	Eber(公猪)	Ferkel(小猪)
Katze(雌猫)	Kater(雄猫)	Kätzchen(小猫)

第四,小与大相对立,小方位与大方位相对立,弱势与强势相对立,前者为阴性,后者为阳性。例如:

阴性	阳性
Hirse(小米)	Reis(大米)
Belegschaft(职工)	Teilhaber(股东)
Schluppe(小巷)	Weg(道路)
Linke(左)	Westen(西方)
Rechte(右)	Osten(东方)
Arme(贫民)	Aristokrat(贵族)
Musikkapelle(乐队)	Dirigent(乐队指挥)

　　第五,指称褒奖、积极、圣洁、伟大之人或物的概念为阴性,指称贬损、消极、肮脏、卑鄙之人或物的概念则为阳性。例如:Schlumps(遭人白眼的人),Schluderjan(草率的人),Schmock(没有气节的记者),Heimlichtuer(鬼鬼祟祟的人),Parteigänger(党徒)等等都归入阳性名词。有更多例证:

阴性	阳性
Auslese(精华)	Abfall(糟粕)
Häufung(积累)	Konsum(消耗)
Ergebenheit(忠诚)	Verrat(背叛)
Stärke (长处)	Fehler(短处)
Jugend(青年)	Lebensabend(老年)
Vollständigkeit(完整)	Mangel(欠缺)

　　所归纳的德语性范畴分类规则一定不是全面的,但至少可以由此得到一个重要的结论:性意识在先,性的语言形式在后,特殊的语言形式只是用来表达性意识以及性范畴体系的分类。我们不能够本末倒置地轻言:以-ant、-ast、-er、-ing、-us 等等作为词尾的词为阳性名词,以-age、-anz、-ei、-ette、-schaft等等作为词尾的为阴性名词,以-at、-chen、-ett、-icht、-ium 等等作为词尾的词为中性名词。从德语有别于其他语言的性范畴体系分类,我们看到它本身的深刻一致,例如:Sonne(太阳)是光明之源,它基本上是以圆满、光耀的姿态出现的,指称它的概念必定归入阴性名词,而 Mond(月亮)基本上是以残缺、柔和的姿态出现的,指称它的概念必定归入阳性名词。德语的性范畴体系分类似乎彰显了深刻的理性知识,我们没有理由让性范畴研究停留在语言形式的表面。性范畴背后的德语民族世界观值得追索。

法语

与梵语、德语不同，法语的性范畴体系只划分出两种性别属类：阴性和阳性，有标示性范畴的冠词，阴性不定冠词为 une，定冠词为 la；阳性不定冠词为 un，定冠词为 le，如：une amie（一位女性朋友），la mère（妈妈），un ami（一位男性朋友），le père（爸爸），却不如德语中的冠词那样严格地标示性别。通常，在大多数具有性别形式的语言中，"男人"归为阳性，"女人"归为阴性，但是，法语中存在为数不多的非规律现象：victim（牺牲者，阴性），connaissance（熟人，阴性），personne（人，阴性）等等，这些名词既可以指称"男性"，又可以指称"女性"。西班牙语中也有类似的现象。例如：criatura（小孩子，阴性），víctima（牺牲者，阴性），persona（人，阴性），peatón（行人，阳性）等等都是既可以指称"男性"，又可以指称"女性"的。再如，法语中的 starlette（女明星）为阴性名词，而 vedette（明星）也是阴性名词。在找寻法语性范畴分类基础的过程中，发现它的规则性并不明显，勉强从中寻得可能存在的五条基本规则：

第一，在自然方位中，上为阳，下为阴。指称与天、天气、节气、季节、山脉等等相关的自然事物或现象的概念大多都归入阳性。而指称与水、土地等等相关自然事物或现象的概念大多归入阴性。有更多的例证：

阴	阳
eau（水）	mont（峰）
inondation（水灾）	sommet（山巅）
terre（土地）	ciel（天空）
topographie（地形）	phénomène（天象）
strate（地层）	horizon（天际）
vapeur（水汽）	éclair（闪电）

第二,指称人造制品或工具类的概念多半为阴性名词,而指称社会或人文事物或现象的概念大多归入阳性名词。例如:

阴	阳
poignée(拉手)	règne(统治)
bougie(蜡烛)	système(体系)
balustrade(栏杆)	statut(法规)
machine(机器)	vassalisation(附庸化)
arme(枪)	régime(政体)
balle(子弹)	région(领域)

第三,树木花果等植物有些归入阳性范畴,有些则归入阴性范畴。同为水仙科,narcisse(水仙)归入阳性范畴,而 jonquille(黄水仙)则归入了阴性范畴。再有,végétal(植物)归为阳性范畴,而 plante(花草植物)则归入为阴性范畴。多数指称"植物"的概念为阳性名词,例如:hêtre(山毛榉),chêne(橡树),bananier(香蕉树),oranger(橙树)等等,但 aubépine(山楂树),bruyère(欧石楠),vigne(葡萄树)却归入了阴性范畴。多数指称"花草植物"的概念归为阴性范畴,例如:herbe(草),capselle(荠菜)等等,但 herbage(水草),roseau(茅草)却都归入阳性范畴。fruit(水果)归为阳性范畴,而 fleur(花)则归入为阴性范畴。多数指称"果实"的概念为阳性范畴,例如:raisin(葡萄),ananas(菠萝),citron(柠檬),concombre(黄瓜),orange(橙子)等等,但 cenelle(山楂),banane(香蕉),fraise(草莓)等等却都是阴性范畴。再有,carotte(胡萝卜)归入阴性范畴,而 navet(白萝卜)却是阳性范畴。指称"花"的概念有不少归为阴性范畴,例如:orchidéee(兰花),piloselle(山柳菊),pivoine(牡丹),rose(玫瑰花),等等,但是,似乎有更多归入了阳性范畴:œillet(康乃馨),chrysanthème(菊花),mimosa(金合欢花),chèvrefeuille(金银花),osmanthe(桂花),souci(金盏花),lis(百合)等等。大体可以找出如下部

分的规律例证：

阴	阳
pomme(苹果)	pommier(苹果树)
poire(梨子)	poirier(梨树)
prune(李子)	prunier(李树)
cerise(樱桃)	cerisier(樱桃树)
tulipe(郁金香)	saule(柳树)
lavende(薰衣草)	piment(辣椒)

无序中隐约可见的规则着实是难得的。

第四,包括人在内的有天然性别区分的动物名词,女、雌、母大多归为阴性范畴,男、雄、公归为阳性范畴。更多的例证：

阴	阳
sœur(姐妹)	frère(兄弟)
chèvre(母山羊)	bouc(公山羊)
poule(母鸡)	coq(公鸡)
vache(母牛)	taureau(公牛)
jument(母马)	cheval(公马)
biche(母鹿)	cerf(公鹿)

小动物基本上归入阳性,例如：chaton(小猫),oiselet(小鸟),poulet(小鸡),veau(小牛),poulain(小马),faon(小鹿)等等。

性范畴体系分类与人类本身的性别区分有着较为明显的一致性,但是,与动物自然性别属类的联系存在着部分的任意性,动物名称的性别属类也颇有意外,例如:écureuil(松鼠),pic(啄木鸟),papillon(蝴蝶)都归入阳性范畴,pie(喜鹊),souris(老鼠)都归入阴性范畴,但它们都既可以指称雄性,也可以指称雌性。这种现象在多种语言中似乎都普遍存在,例如,在西班牙语中,guepardo(猎豹)只有阳性的形式,而 cebra(斑马)只有阴性的形式。倘若要确定它们的性别,必须附加形容词:guepardo hembra(雌猎豹),cebra macho(雄斑马)。这是否是先民对动物指认过程中的失语呢?

第五,具象与抽象相对立,劣势与优势相对立,分体与主体相对立,前者为阴性,后者为阳性。

阴	阳
règle(直尺)	criètre(标准)
défaite(失败)	victoire(胜利)
perte(损失)	gain(利益)
douleur(悲哀)	amour(欢心)
branche(树枝)	trone(树干)
phratrie(胞族)	phratriarque(胞族首领)

在法语性范畴分类之中,恐怕最不能排除偶然性和随意性。例如:amour(爱),délice(享受)这两个词,它们的单数形式都为阳性范畴,而它们的复数形式则为阴性范畴。chose(东西)作为单个的词,归入阴性范畴,如 la chose(这东西),而用于复合词,它却是阳性的了,如 autre chose(他物),quelque chose(某物)。或者说,现代法语中是否已经在流变的过程中丧失了显在的普遍性规则,还很难确定。拉丁语向古法语流变,继而再向现代法语流变,在这个漫长的时间和空间流转过程中,三种性范畴分类退化为两种性范畴分类,关于这一方面,只残存了零星或部分的文献资料,例如:

拉丁语 → 古法语 → 现代法语

gaudium(高兴,中性)→ joi(e)(快乐,阳性/阴性)→ joie(快乐,阴性)

可是,诸如此类的残存不足以给我们带来完整的认识,先民如何认识世界以及指认世界的过程毕竟已经是难以追索了。对于我们而言,寻找性范畴体系分类规则本身并不是终极目的,更为重要的是在追问的过程中发现民族的世界观,以及各个民族认识世界万物的过程和接触世界万物的方式。

通过对希腊语、梵语、德语和法语等语言性范畴体系分类的描写和解释,可以观察到考尔伯特所指认的语义依据。但是,在欧美语言学界,人们常常引用莱昂斯的话语:[1]

> 从语义的观点来看,名词的性别区分通常是多余的。
>
> (From the semantic point of view, gender distinction in nouns are usually redundant.)

性别属类不同,名词的形式就有可能表现出不同的样态。它所彰显的是人类看待世界、认识世界的不同方式,这些方式已经以各样的姿态注入到名词的形式和内涵之中。倘若莱昂斯的断言属实,那么,名词的性别区分在语言体系之中究竟有着怎样的价值呢? 它为什么而存在呢? 莱昂斯的话语恐怕是值得商榷的。"语义"现实的本真状态是一个需要不断解读的概念。而让几乎所有的"语义"现实都进入人们框定的所谓规律之中,这是一种强迫。我是想说,在语言现象之中,不是所有的事实都能够被我们观察到,不是所有的事实都可以被我们精确定义。在从"语义"的观点来解读"名词的性别区分"之时,我们

---

[1] Lyons, John. 1968. *Introduction to Theoretical Linguistics*. Cambridge: Cambridge University Press. P287.

一方面要允许自己有所观察，有所获得；另一方面，我们也要允许语言事实作为一种开放的、无从定义的姿态而存在。其实，就"语义"的内涵而言，包括本体内涵、社会内涵、文化内涵等等，名词的性别区分具有与生俱来的"语义"结构能力，它在"语义"的根本生发地参与了"语义"的构建，并成为"语义"不可或缺的部分。关于这一问题，下文将做进一步的探讨。

对希腊语、梵语、德语和法语等语言性别属类的探讨和分析，对性别属类表达形式的观察和描写，还没有像我期待的那样引导我完全从形式走向实质，从表面走向背后，从现象走向本体。至此，我只是尝试打开一个新的视野，为我们认识语言性范畴体系的本质和形式提供一点点资讯和启示而已。

第二章　语言性范畴的性质

第一节　术　　语

　　为什么要以阴性、阳性及中性来概括世间万物呢?

　　不妨先来从"性"字的字形、字义、字根追溯它的来历演变。

　　在拉丁语语言结构规则研究中,称"性"为 genus,它的本义是"种类",在拉丁语中,genus 来自古拉丁语 geno,而这一古拉丁语名词的最早形式则是 gigno,它是阴性名词,本义为"氏族"、"部族"、"种族"、"异族"等,以后分化为两种形式 gēns 和 genus,前者为阴性名词,它的核心意义是"氏族"和"种族",后者为中性名词,它的核心意义为"族系"和"种类",并由此衍伸出"性别"、"类别"和"级别"等意义。例如:genus hominum(人类),genus ferarum(动物类),genus virile(男性),genus muliebre(女性)。在语法结构研究中,genus 成为术语"性"。所以,in nominibus tria genera(名词有三种性,即阴性、阳性和中性)。由此又带来了古法语的 gendre(性)。

　　希腊语用 φῦλον 这一中性名词指称"种类"、"性别"。例如:φῦλον ἀνθρώπων(人类),φῦλονὀρνίθων(鸟类),τὸ γυναικεῖον φῦλον(女性,女人们),τὸἄρρεν φῦλον(男性,男人们)。而在语言结构研究中,称阴性词或阴性名词为 θηλυς,它的本义为"女的"、"女性"、"属于女性的"、"温柔的"、"软弱的"。由 θηλυ-构成的复合词都与女性有关,例如:θηλυ-γλωσσος(说话温柔的女诗人),θηλυδρίας(有女人气的男人),θηλυ-κρατής(主宰着妇女的情欲)。称阳性词或阳性名词为ἄρρην,它的本义为"男的"、"男性"、"雄性"、"男人"。同时,希腊语还指认了双性别或性别不清楚的(αφιγενής)事物。

梵语中有不少词语表示"性"这一概念,较为常见的有:garbha(性,界,胎,藏),这是一个阳性名词,指的是"天性",是"世界万物滋生之地"。它的构词能力较强,由它构成的复合名词颇为多见,例如:

garbha-bhāra(怀孕,阳性)　　　　garbha-dâsa(天生的奴隶;阳性)

garbha-saṃkarita(混血儿,阳性)　　garbha-cchada(花瓣,阳性)

garbha-bharman(胎儿的养育,中性)　garbha-kṣaya(流产,阳性)

garbheśvarī(天生的王妃,阴性)　　garbheśvara(世袭君主,阳性)

另一个较为常见的词是 gotra(性,种姓,佛性,真如性),它是中性名词,本义是"家",即指称"种族或家族之系"、"维系家族之名",后来,衍伸出"有姓之人"的意义。它有较强的构词能力,由它构成诸多复合词语,例如:

gotra-bheda(性别,阳性)　　　　gotrâgorta(性非性,种姓非种;中性)

gotra-kartṛ(家族的始祖,阳性)　　gotra-paṭa(族谱,阳性)

gotra-bhūmi(种姓地,阴性)　　　gotrākhyā(父系语,阴性)

gotra-svabhāva(佛性体,阳性)　　gotra-samudāgama(种姓修证,阳性)

在语言结构研究中,gotra 常常用来指称"造父系语时的结尾词"。

还一个较为常见的名词是 bhāva(生成,性,本,法),它是阳性名词。这是一个语义内涵极其丰富的词语,它的语义基础在于"生成",由此衍伸出"发生"、"变成"、"转成"、"存在"、"状态"、"延续"等意义。在占星术中,它指称行星的"基础方位",由此衍伸出"真正状态"、"真实"、"应有的状态"、"性质"。在描述人的内心之时,它则用来指称"心境"、"性向"、"气质"、"思想"等,又由此衍伸出"爱情"、"情绪之所在"、"心脏"、"实在"、"有思想之人"等。在经文之中,它指称"有"、"有性"、"有法"、"有分"、"有果"等等。它的丰富语义内涵也促使它成为最具构词能力的一个词语,由它构成的复合名词相当可观,现略举数例如下:

bhāvâbdhi(现世生死之海,阳性)　bhāvâbhāva(有非有,性非性;阳性)

bhava-bhāva(对尘世的爱,阳性)　bhava-ccheda(杜绝现世生存,解除轮回;阳性)

bhāvākūta(爱情的激发;中性)　　bhāvābhāvâvisāra(有无不动,有无不散;阳性)

bhāva-gamya(可以想象的)　　　bhāva-bodhaka(透露真情的)

此外,还有一个较为常见的词 guṇa(性质,本性),它是阳性名词,它的基本语义是"构成绳子的单线"、"绳子"、"丝",从它所指事物的物理形态扩展开来,指称"灯芯"、"弓弦"、"琵琶弦"、"种类"、"政治机构"等,由此,又衍伸出"从属要素"、"附属物"、"固有性"、"性质"、"基本元素的属性"、"功德"、"仁笃"等等。它也是一个在构词方面表现活跃的词语,由它构成的复合名词多与"绳线"、"性质"、"德行"相关,例如:

guṇa-kṛtya(弓弦的作用,中性)　guṇa-baddha(被绳子束缚的,被功德束缚的)

guṇa-yoga(功德相应,阳性)　　guṇa-ccheda(断绳,善德中断;阳性)

guṇavat(装配绳线的,天生优异的)　guṇa-karman(非本质的二次动作,中性)

guṇa-vṛtti(次要的条件或关系,阴性)　guṇâcintyatā(无量无边功德聚,阴性)

但是,在梵语语言结构规则研究中,作为术语的"性"则是 liṅga。它是中性名词,本义为"印记,特征,生殖器"。作为术语的"阴性"为 strī,strī-jana 或者 strī-liṅga。strī 的本义是"女人",为阴性名词;jana 的本义是"生物,人,众生",是阳性名词;strī-jana 的本义是"妇女",为阴性名词;strī-liṅga 的本义是"女性的性器",是阴性名词。而 strī-pratyaya 则指称"阴性结尾词"。作为术语的"阳性"为 pumāṃs 或者 puṃ-liṅga。术语 pumāṃs 是阳性名词,它的本义是"男子",而 puṃ-liṅga 是中性名词,它的本义是"男人的特征"、"男性"、"男子气概"。作为术语的"中性"为 na-puṃsaka 或者 na-puṃsaka-liṅga。其中,na 意为"非";表达通常意义的 na-puṃsaka 是阳性名词,它的本义是"非男非女"、"兼具两性特征"。而作为术语"中性",它则是中性名词。作为术语的"阴性与阳性"为 strī-puṃsa,它是阳性名词,其本义是"夫妻"。作为术语的"阳性与中性"为 puṃ-napuṃsaka。作为术语,nāma-liṅga 指称"名词的性"。

梵语的阴阳性别正是从人文而走向语言哲学的。

梵语选择了 liṅga(性),strī-liṅga(阴性),puṃ-liṅga(阳性)作为语言性范畴的术语,可见先民的直接观察和具体指认。可以说,梵语的阴阳性别缘起于对人类本身的观察,而后不断延展,走向思想,走向哲学抽象,并表面化为语言性范畴:表示每一个概念的名词都具有了性别的属类。

汉语则不同。汉语的阴阳性别缘起于对日、月的观察。换句话来说,"阴"与"阳"这两个概念的原初便来自对自然界的自然现象所进行的直白描述。可考的汉语阴阳来自《易传》。"阴与阳"成为汉民族对宇宙间万事万物的基本分类,包括对大九州、天象、宇宙图示、社会、物候、人事、兵法、医术等等的周全分类和解释。到了战国时代,阴阳思想与五行思想逐渐合流,五行思想认为万物都由金、木、水、火、土五种元素组成,并通过它们的相生相克来解释宇宙万物的起源和变化。应当说,日、月是阴阳抽象的起始点。"阴"原本写做"陰",左部为"阜",右部上为"今",下为"云",意会"月",指称"山北水南,阳光所不能及的地方"。"阳"原本写做"陽",左部为"阜",右部为"昜",形声字,指称"日",它与阴相对,指称"高处太阳光所能照射的明亮地方"。"日"为阳,"月"为阴,"日"与"月"相对。"月"又称"太阴"。"日"又称"太阳"。汉民族的"阴"与"阳"首先来自对自然现象的指认:太阳光所照射不到的地方和太阳光所照射到的地方。从"太阴"和"太阳",人们认识到：大地表面所出现的明显的"暗"与"明"的对比，确定了山的北面和水的南面常常阴暗，山的南面和水的北面常常明亮。从农耕的活动中，人们认识到：向阳者丰产，背阴者减产。有阳光的日子，叫做"晴天"；没有阳光的日子，叫做"阴天"。由此形成一系列的概念：背阴、向阳；光、景；光、阴等等。汉语的"阴阳"是从地理的阴阳走向哲学抽象的。阴阳渗透到思想的深处，无处不在，无时不在，却以动态、转化的抽象解释世界万物，但并没有在语言系统中形成表面化的系统规约。

第二节　概念、符号、性别属类

人类对客观世界的认识从来就没有完全脱离感性思维。其实，感性与理性只是哲学理论上的清晰界定，在人类认识现实的过程中，感性与理性是交织且互动的，是彼此包含、彼此依存并彼此辅佐的。一些看似感性的指认却不无理性的规约；而一些看似理性的指认却也不无感性的基础。性范畴是人类对客观世界的一种认识，是客观世界在人类思想中的一种必然反映。

语言性范畴作为一种客观存在而潜存于人类的思想之中。每一个民族的思想都包涵了语言性范畴的存在并赋予它不同的符号表现形态。有些语言让性范畴成为语言符号体系中一个不可或缺的形式，使它参与构成语言使用的强制性规则，表现为显在的性别属类语音形式，更有语句中相关要素性别属类一致的语音表达如梵语、俄语、德语、拉丁语、希腊语、意大利语、西班牙语等。有些语言则让性范畴成为语言符号体系中的一个部分，表现为语言形式上的零符号，即没有任何性别属类语音符号的系统形式，在语言符号系统中成为部分可意会的规约，如汉语、日语、朝鲜语、马来语、英语等等。

需要重申一个基本的观点：语言符号从根本上来说是呈现人类对世界

万物的认识和理解。性范畴即是人类对世界万物属性的指认,也就是说,性范畴不是对语言本身的规约而是对客观世界的描写和认识。人类对世界万物认识的过程从片面到全面,从局部到全部,从来就没有完全脱离感性思维。语言性意识的形成过程便是动态而交互的:先感性后理性而后规约感性而后丰富理性,居于人类思想的根基处。

性范畴是人类对客观世界的一种认识,是人类对世界纲领性的描写和概述,是客观世界在人类思想中的反映。它印证人类认识世界万物的基本出发点。

语言符号是世间万物的概念与它们各自的名称相结合的统一体,也是世间万物的概念和音响形象相结合的统一体。所以,语言符号包含两个方面的内容:语言符号施指,即音响形象;语言符号受指,即世间万物的概念。具有显在性别属类语音形式的语言符号所包含的内容是:语言符号施指,即包含了性别属类语音的音响形象;语言符号受指,即包含了性别属类区分的世间万物的概念。而不具有显在性别属类语音形式的语言符号所包含的内容则是:语言符号施指,即音响形象;语言符号受指,即可能包含了性别属类区分的世间万物的概念。

所以,名词是语音(即语言符号施指)和概念(即语言符号受指)结合而成的一个实体,这个实体在概念的层面便包含了性范畴,倘若语音对性范畴加以指称,便形成显在的名词性别属类符号;倘若语音不能够对性范畴加以指称,名词性别属类符号便发生缺失,概念层面中的性别属类便是一种相对隐匿的存在。

第三节　语音与性别属类之间最初的任意结合

语音和概念之间的最初联系是任意的。用怎样的音响形象,即声音系列来指称怎样的事物概念,这中间不存在任何天然的或必然的联系。①例如:在汉语中,"画"这一概念与 h-u-à 这个声音系列之间并不存在任何内在的、必然的联系。同样的 h-u-à 这个声音系列还可以指称"话"、"化"等概念。"画"作为一个概念,在英语中与 p-ɪ-k-ʧ-ə(picture)这一声音系列结合,在法语中与 d-e-s-ɛ̃(dessin)这一声音系列结合,在德语中与 b-i-l-d(Bild)这一声音系列结合。再如,俄语 ry6á 这个声音系列,既可以指称"海湾",又可以指称"唇"。

　　语言符号的这一性质从根本上界定了性范畴的任意性:语音与性别属类的最初联系是任意的。

　　研究者通常从音形和词形切入,总结出阴性词尾、阳性词尾和中性词尾,似乎在这些词尾和性别属类之间存在着什么天然的联系。而事实上,任何一个名词末位尾音与性别属类之间都不存在任何可论证的结合基础。我们可以观察到这样的一种语言现象:在西班牙中,阳性名词往往具有末位音 -o,阴性名词往往具有末位音 -a。这在西班牙语中是一个比较普遍的现象,例如:herman-o(兄弟,阳性),herman-a(姐妹,阴性)。但是,在这两个末位尾音与性别属类之间不存在必然的联系,因为我们同时可以观察到相反的结合例证,即阳性名词与末位尾音 -a 结合,阴性名词与末位尾音 -o 结合,例如:problem-a(问题,阳性),man-o(手,阴性)。如果说这是例外现象,那么,为什么会存在这样绝对的例外现象呢? 事实上,使得这种绝对例外现象存在的物质基础恰恰是语音符号与性别属类最初的任意结合。也正因为如此,我们在诸多语言当中都可以观察到这样的语言事实,比方,在法语中,阳性名词与末位尾音 -age 结合,阴性名词则与末位尾音 -é 结合。例如:orage(风暴,阳性),clé(钥匙,阴性)。相反的结合也并不鲜见,即阳性名词与末位尾音 -é 结合,阴性则与末位尾音 -age 结合。例如:blé(小麦,阳性),plage(海

---

　　① 见:索绪尔,《普通语言学教程》(第5版),裴文译,南京:江苏教育出版社,2002年版,第76页。

滩,阴性)。更有语音与性别属类难以推出规则的结合:相同的末位尾音 -e
既指称阴性名词,又指称阳性名词;同一个词归入相同或不同的性别范畴,
却指称人或动物的两种自然性别属类。以法语为例:

阴性	阳性
ronce(荆棘树)	chêne(橡树)
fraise(草莓)	concombre(黄瓜)
Chine(中国)	Zaïre(扎伊尔)
élève(女学生)	élève(男学生)
souris(雌、雄老鼠)	écureuil(雌、雄松鼠)

所有这些证明:语音与性别属类最初的结合是任意性的。

对两种或更多语言进行相关比较,这一语言事实则更为清晰。"语言"、
"政治"、"智慧"、"本质"等概念在如下八种语言中(俄语除外)大多都归入
阴性范畴,但是,它们却没有一致的末位尾音标示:

语言	语言	政治	智慧	本质
梵语	bhāsā(阴)	nīti(阴)	mati(阴)	prakṛti(阴)
俄语	язык(阳)	поли́тика(阴)	му́дрость(阴)	суть(阴)
德语	Sprache(阴)	Politik(阴)	Weisheit(阴)	Essenz(阴)
法语	langue(阴)	politique(阴)	sagesse(阴)	essence(阴)
拉丁语	lingua(阴)	polītīa(阴)	sapientia(阴)	essentia(阴)
希腊语	γλῶσσα(阴)	πολῑτῑκός(阴)	μητις(阴)	φύσις(阴)
意大利语	lìngua(阴)	politica(阴)	saggézza(阴)	essènza(阴)
西班牙语	lengua(阴)	política(阴)	sabiduría(阴)	esencia(阴)

语音与性别属类之间不存在必然的或者可论证的结合基础。一切结合的发生都是从任意性开始的。

这里需要特别强调,任意性表现在语音与性别属类的最初结合。这种最初的结合一经确立,便获得相对稳定的状态。

第四节　性别属类与事物概念之间最初的任意结合

那么,概念内部的性别属类与事物的最初结合又是怎样建立起来的呢?

将性别属类分配给人类认识的世间万物,或者,将世间万物都贴上了性别属类的标签,这也是一种任意的结果。也就是说,性别属类与世间万物的最初结合是任意的。可以从两个方面来进行观察并获得论证:其一,从单一语言内部切入;其二,对不同语言进行相关比较。

从单一语言内部,我们可以观察到下列两种现象:

首先,表示同一概念的名词具有不同的性别属类,例如:俄语中的同义词 семейство(家庭)和 семья(家庭),前者是中性名词,而后者却是阴性名词。梵语中也有一对同义名词,即 geha(家)和 dhāsi(家),前者为中性名词,后者为阴性名词。希腊语中有两个名词指称"沙丁鱼",即 σαρδίνη(沙丁鱼)和 σαρδίνos(沙丁鱼),前者归入阴性范畴,而后者则归入阳性范畴。在希腊语中也还出现这样一种现象,即同一个名词既属于阴性范畴,又属于阳性范畴,如 αὐλών(峡谷;阴性,阳性)、ἄτρακτος(箭;阴性,阳性)。现在,以拉丁语为例做进一步的观察:[1]

cinus/cinis　　　　　灰烬;　阴性,阳性,中性

---

① 参阅:Maria Polinsky and Ezra Van Everbroeck. Development of Gender Classifications: Modeling the Historical Change From Latin to French. *Language*. Volume 79, Number 2(2003):364.

dorsum/dorsus	背面；	中性,阳性
cornum/cornus	犄角；	中性,阳性
caput/capus	头；	中性,阳性
cyma/cuma	嫩菜秧；	中性,阴性
latus	侧边；	中性,阳性

古法语中也存在诸如此类的现象,下列名词同时被指认既是阴性又是阳性:[①]

art	艺术
cantique	圣歌
cervis	颈背
c(h)ifre	数字
dent	牙齿
font	泉水
empire	帝国
isle	岛屿

　　其次,"数"的变化可以直接导致性别属类发生变化。以梵语为例:dhūrta(坏蛋),单数形式归入阳性范畴,而 dhūrta-traya(三个坏蛋)则归入中性范畴;koṭika(句),单数形式归入中性范畴,而 catus-koṭikā(四句)则归入阴性范畴;bhāṣā(语言),单数形式归入阴性范畴,而 bhāṣā-traya(三种语言)则归入中性范畴。这种名词因"数"的变化而发生性别更改的现象在不少语言中都有所存在。以坎拿达语(Kannada)为例,basava(公牛)和 Kooṇa(水

---

　　① 参阅:Maria Polinsky and Ezra Van Everbroeck. Development of Gender Classifications: Modeling the Historical Change from Latin to French. *Language*. Volume 79, Number 2(2003): 364.

牛),作为单数归入阳性范畴,而作为复数则归入中性范畴。再以德语为例,
See(湖),作为单数归为阳性范畴,作为复数 Seen(湖)则归为阴性范畴;Pony
(小马),作为单数归为中性范畴,作为复数 Ponys(小马)则归为阴性范畴。
意大利语中也有这类现象:uovo(鸡蛋),单数形式归为阳性范畴,uova(鸡
蛋),复数形式则归为阴性范畴;orecchio(耳朵),单数归为阳性范畴,orecchie
(耳朵),复数则归为阴性范畴。而俄语中的名词,一旦进入复数形式,便没
有了性范畴的表现形态。

再来对不同语言进行相关比较。

在不同的语言中,表达同一概念的名词具有不同的性范畴分类。以
"诗"这一概念为例。法语的 poème(诗)归入阳性范畴,德语的 Lyrik(诗)归
入阴性范畴,梵语的 kāvya(诗)归入中性范畴。再以"花"和"叶子"这两个
概念为例。意大利语的 fiore(花)归入阳性范畴,而 foglia(叶子)则归入阴性
范畴;德语的 Blume(花)归入阴性范畴,Blatt(叶子)则归入中性范畴。在各
种不同的语言中,有局部一致的性别分类存在,以"墨水"这一概念为例。梵
语的 maṣī(墨水),俄语的 тушь(墨水),西班牙语的 tinta(墨水),德语的 Tuse-
he(墨水)都归入阴性范畴,而意大利语不同,它的 inchiòstro(墨水)归入阳性
范畴。这样的一致性是偶然的机缘,而不是系统层面的普遍现象。这种一致
的现象与不一致的现象恰恰从两个不同的角度证明:在概念之内,性范畴与事
物的最初结合是任意的。不妨观察如下八种语言对"死亡"概念的性别指认:

语言	语词	性别
德语	Tod(死亡)	阳性
梵语	mrityu(死亡)	阳性
拉丁语	mors(死亡)	阴性
俄语	смерть(死亡)	阴性
法语	mort(死亡)	阴性

西班牙语	muerte（死亡）	阴性
意大利语	morte（死亡）	阴性
希腊语	ἀπογένεσις（死亡）	阴性

　　事实上，当抽象名词与具象名词同时具有了性别属类，这就从根本上决定了语言性范畴的任意性、非动机性和不可论证性。在性范畴与事物之间不存在天然的联系，它们彼此的最初结合是任意的。这种任意性奠定了语言性范畴流变的物质基础。

　　有人会提出，在语言的性别属类与人或动物的自然性别之间存在可论证的联系，这在不同的语言中都能够得到明显的指认：

	阴性	阳性
梵语	ambā（母亲）	pitri（父亲）
	bhaginī（姐妹）	bhrātri（兄弟）
法语	mère（母亲）	père（父亲）
	sœurs（姐妹）	frère（兄弟）
德语	Mutter（母亲）	Vater（父亲）
	Schwester（姐妹）	Bruder（兄弟）
俄语	матъ（母亲）	отéц（父亲）
	сестрá（姐妹）	брат（兄弟）
意大利语	madre（母亲）	babbo（父亲）
	sorelle（姐妹）	fratello（兄弟）
拉丁语	māter（母亲）	pater（父亲）
	soror（姐妹）	frāter（兄弟）
希腊语	μήτηρ（母亲）	πατήρ（父亲）
	ἀδελφή（姐妹）	ἀδελφός（兄弟）
西班牙语	madre（母亲）	padre（父亲）
	hermana（姐妹）	hermano（兄弟）

但是,这里存在两个问题:

第一,指称人和动物的名词在整个名词列表中为数极少,而在这少数现象中却存在着诸多与自然性别不相吻合的现象,例如:梵语中的 apatya(女孩),德语中的 Mädchen(女孩),都归入中性属类;再如:梵语中的"妻子"有三个名词:bhāryā(妻子),dāra(妻子),kalatram(妻子)分别归属于阴性、阳性和中性范畴。所有这些名词的性别属类分配从根本上来说都是任意的

第二,更为重要的是,语言中的性别属类已经脱离了自然性别标签,它不是自然的、本能的表达,而是进入了语言体系的概念。它获得语言符号的一般存在意义,具有语言的性质。正因为如此,它才有能力在语句中扩展它的性别范畴概念,使得整个语句的基本要素,包括代词、形容词、动词、前置词、后置词等等呈现出基本一致的性别形式。

总之,这里所探讨的性范畴任意性存在于两个层面:语音与性别属类的最初结合,性别属类与事物之间的最初结合。

第五节　　语言性范畴的绝对流变与相对稳定

为了更为清晰地观察和解释语言性范畴的流变,我们采用两种观点,即历时观和共时观。两种观点将帮助我们从两个不同的角度和不同的层面获得对语言性范畴流变的整体把握。

从历时的角度,性范畴的分类始终处于调整和变化的状态:

一方面,一个名词的性别属类在语言的流变过程中发生转向,例如:古拉丁语 frons(前额)是阳性,而标准拉丁语 frons(前额)则是阴性。在现代法语中,couple(一对)是阳性,例如:un couple d'époux(一对夫妻),un couple d'amis(一对朋友),le couple de pigeons(一对鸽子)。但是,在 17 世纪的时

候,它既可以是阴性名词,也可以是阳性名词。大部分人都将它用作阴性,而在 un couple de chiens(一对狗)这一表达中,它却又是阳性的了。另一方面,在语言流变过程中,性别范畴形式有可能丢失。英语便是一个极为典型的例证。在古英语中,stān(石头),wīfmann(女人)都归入了阳性范畴;sunne(太阳)归入了阴性范畴,而 wīf(妻子)则归入了中性范畴。现在,英语中的名词已经没有了性别范畴系统,只有一些残存的词尾。例如:actor(男演员),actress(女演员);prince(王子),princess(公主);lion(雄狮),lioness(母狮)等等。

非常轻易地就可以观察到性别范畴的不断变化。可是,当一个名词所指称的意义或者概念并没有发生任何改变的时候,性别属类又是如何发生改变了呢? 性别属类发生改变的理据又是什么呢? 如何解释这样的现象呢?

从共时的角度,性别范畴总是相对稳定,却不排除变异或摇摆的现象:

第一,始终存在浮动的性别属类。一个名词单数的形式是一种性别,复数的形式或者复合的形式却是另一种性别。以德语为例:

单数	复数
Gott(上帝,阳性)	Götter(上帝,中性)
Band(卷,书;阳性)	Bände(卷,书;阴性)
Pony(小马,中性)	Ponys(小马,阴性)
See(湖,阳性)	Seen(湖,阴性)

第二,同一个名词可能拥有两种性别属类,如拉丁语中的 dies(天),它既是阳性又是阴性。古法语中的 levre(唇),empire(帝国),isle(岛屿)和 signe(符号)都同时归入阴性和阳性。梵语中这样同时归入两种或三种性别的例证也不鲜见,例如:

vahna	火；	阳性，阴性
rai	财产；	阳性，阴性
sat-tva	肉；	阳性，中性
śeṣa	残留；	阳性，中性
śikhara	顶部；	阳性，中性

第三，在同一语系中，同源词的性别并不总是一致的。以印欧语系中的 way(路)为例。拉丁语中的 via(路)是阴性，哥特语中的 wigs(路)和德语中的 Weg(路)都是阳性。拉丁语中的 nīdus(巢穴)是阳性，而德语中的 Nest (巢穴)和盎格鲁-撒克逊语中的 nest(巢穴)都是中性;拉丁语中的 sol(太阳)是阳性，luna(月亮)是阴性，而德语中的 Sonne(太阳)是阴性，Mond(月亮)则是阳性。

同一名词在不同的区域也可能拥有不同的性别属类。以德语为例:

德国	瑞士
Foto(照片,中性)	Foto(照片,阴性)
Radio(收音机,中性)	Radio(收音机,阳性)
Taxi(出租车,中性)	Taxi(出租车,阳性)

第四，具有不同意义的同一语音形式有着不同的性别。以法语为例:

阴性	阳性
livre(英镑)	livre(书)
mode(时尚)	mode(方法)
pendule(钟)	pendule(钟摆)
merci(怜悯)	merci(感谢)
vase(淤泥)	vase(花瓶)

　　所以,当性别属类从语言符号进入语言符号体系,它便成为一种显在的语言事实,成为必须的功能规则。也就是说,当性别属类与语音形式完成了最初的结合,当性别属类与事物完成了最初结合,作为语言总体系统分支而存在的语言性范畴体系便具有了深刻的规约性和稳定性。它的规约性和稳定性的基础在于:

　　首先,性别属类的分配具有根本上的任意性,恰恰是这个任意性决定了性范畴体系规约性和稳定性的物质基础。没有理据,便无从讨论。即便是讨论,也没有改变性别属类的依据,就如同我们不需要讨论为什么 h-u-ā 这一声音系列与"花"这一概念相结合,就如同我们不需要讨论为什么地球处于金星与火星之间。性别属类是一个以语言符号任意性为基础的体系。这个体系本身并不具有强制性或规约性,它只是规约性和稳定性的物质条件。而只有当整个民族或社会集团认可了它的任意性,它才得以存在并逐步稳固下来。

　　其次,性范畴从语言符号进入语言符号体系,它便是民族或社会集团所必须接受并无从支配的客观存在,这一存在具有历史的传承。从交流功能的角度出发,最初的性范畴是否具有任意性已经无关紧要了,关键的问题是性范畴体系所建立的有序或无序的规则。我们说"向阳"、"背阴",因为我们的先民、前人都是这么说的。德国人说 Wein(葡萄酒,阳性),Bier(啤酒,中性),因为德国先民、前人就是这么说的。语言符号系统就这么在自由、任意选择之后借着时间历史性地、逐步地稳固而形成强制性的规约。

　　最后,使得性范畴成为系统规约的不是性范畴本身而是整个民族或社会集团的集体习惯。性范畴系统是以集体习惯为基础的,集体习惯的延续存在是性范畴系统传承的基础和决定因素。对于个人而言,性范畴体系是强制性的;对于集体而言,性范畴体系是客观存在。集体中的每一个人都参与到性范畴体系的规则使用之中,并从各个方面或各个层面影响着它的使用,相互之间便有了各样的牵制,在不断的磨合中所形成的集体习惯最终成为一个显在的保守因素,抵制任何个人的改变。性范畴系统使用的人群越大,它的规约性就越强,任何个人或小群体的个性化偏好都无从改变性范畴系统的整体规约。

因为性范畴体系的相对稳固性,它便深入到民族或社会的文化体系当中,成为普通语言学的一个原则。然而,又因为性范畴体系历史性地存在着,发生流变则是一种必然。那么,什么是性范畴体系流变的基础呢?要思考这个问题,我们首先还是要回到语言符号的起始点:语言符号的任意性。

语音(即语言符号施指)和概念(即语言符号受指)之间最初的联系是任意而无从论证的。这是性范畴体系发生流变的物质基础。从俄语中,我们可以观察到性别属类与事物之间的关系改变:来自法语的 кашне(围巾)在 19 世纪时归于阳性范畴,而当下的 кашне(围巾)没有发生语音、内涵的改变,却归入了中性范畴。从梵语中,我们可以观察到声音系列与概念结合关系的改变,也可以观察到性别属类与事物结合关系的改变:吠陀梵语时期,bāhava(手臂)归入阳性,但是,到了古典梵语时期,bāhā(手臂)不仅取代了 bāhava(手臂,阳性),而且,改变了它原本的性别属类,归入阴性范畴。从拉丁语阴性、阳性、中性这三种性别属类过渡到古法语的阴性和阳性这两种性别属类,则是更为典型的流变例证。而 17 世纪,法语名词的性范畴比例几乎是平衡的,百分之五十一为阳性范畴,百分之四十九为阴性范畴。进入20 世纪之后,这种平衡被打破,阳性名词上升为百分之六十一。性范畴的自由度是语言符号任意性的一个必然结果。当然,各种语言本身是否需要在性范畴方面达到一定的平衡,则另当别论了。

再者,从认识论的角度来看,性范畴是人类对客观世界存在物的反映。客观世界存在物相对稳定的状态决定了性范畴和性范畴体系的相对稳定状态,而客观世界存在物相对动摇的状态决定了性范畴和性范畴体系的相对动摇状态。以法语为例。古法语中,topique(地方上的)是个形容词,在现代法语中,topique 则是阳性名词,指称"局部药"。古法语中,torchette(小抹布,阴性),在现代法语中,它仍为阴性名词,却是指称"小把干草"。古法语中,

souvenance(回忆,阴性),在现代法语中,指称"回忆"的却是阳性名词 souve-nir(回忆,阳性)。原本不具有性别属类的形容词转变为具有性别属类的名词,概念有所改变;原本的性别属类没有发生改变,概念却完全改变了;原本的概念没有发生任何改变,声音系列发生了部分的改变,性别属类从阴性转为阳性,而这个阳性属类名词所指称的概念远比阴性属类名词所涵盖的内容要丰富,它同时指称"记忆力"、"致意"、"问候"、"纪念品",它的复数形式则是指称"回忆录"。当然,所有这些极端的表现都是以性范畴符号任意性为物质基础的。

此外,民族或社会集团把它作为传统进行维护并加以延承,抵制任何个人或小众有意或无意的改变。但是,只要时间存在,或者,只要性范畴体系存在于时间之中,那么,性范畴体系就具备了流变的条件,因为只有时间能够使得性范畴体系内部要素的先后链接与替代成为现实。性范畴体系是在时间和社会的双重轨道中存在的,社会虽不能够主宰性范畴体系的变化,却能够呈现时间造就的事实。性范畴体系遭遇时间和社会这两股势力相向的同时作用,其结果:一方面是相对的稳定,另一方面则是相对的流变。所以,流变总是存在的,却基本上都是零星、个体、表面的现象。偶尔、零星的流变并不足以构成对传统秩序的挑战,因为任何流变都只能是以传统为基础的,同时,流变也不会给民族或社会集团内部或外部的交流带来任何困难。从这个层面上来说,我们可以说,流变也是一种常态,是具有普遍意义的原则。有必要指出,这些流变现象即便因为发生从量变到质变的飞跃而改变性范畴体系,却从来不会从根本上影响到语言性范畴的完整存在与相对稳定。例如,中世纪英语性范畴体系的消失并没有影响到英语中的性观念的完整存在,古英语性范畴体系在现代英语之中的残存仍然是明显而清晰的,比方,单数的指称代词有性别区分:she(她),he(他),it(它)。用 she 指称女性,用 he 指称男性,用 it 指称动物或无性别的事物。部分动物的指称代词则没有脱离古英语性范畴体系:she(她)指称 cat(猫),he(他)指称 dog(狗)等等。而斯拉夫语群则有新的性别属类注入,让原本潜在的语言性范畴成为更为显在的事实。

　　就语言本身而言，显在的性范畴体系是一个功能系统，它的一个重要功能就是让语句中语词之间的关系更加的明晰、自然、合法。它与语音、语义、结构、数、格等功能系统中每一个要素都密切相联，并在语句中与各种要素维持表达形式上的一致关系和规约关系。

　　我们显然不能够安心于把一种语言的整个名词的性范畴分类仅仅看作是语法形式，我们要尝试走到语言形式的背后，观察并捕捉它可能意味的一个思想体系、符号体系、联想体系、交流规约以及生命方式，而这一切都应该是整个语言民族所共享的。

　　性别属类不同，名词的形式就有可能表现出不同的样态。人类看待世界、认识世界的方式已经以各样的方式注入到名词的形式和内涵之中。

第三章　性范畴的基础考量

第一节　自然基础的考量

汉语先民从对日、月等的自然天象进行观测,分辨出精、气、神。"精"是"生命的物质基础",它是有形的物质;"气"是"生命的能量",它无处不在,却是无形的物质;"神"是"生命的主宰",它是生命的原动力。这是对包括人在内的自然的考量。

先民出于朴素的观察,认为世界是物质的,物质世界是在阴阳二气作用的推动下孳生、发展和变化的。在"气"的基础上,先民区分了二世界:阳界和阴界,以表示阳光的向背:向日为阳,背日为阴。先民观察到:

有阳光	无阳光
白天(阳性)	夜晚(阴性)
山的南面(阳性)	山的北面(阴性)
水面(阳性)	水底(阴性)
屋外(阳性)	屋内(阴性)
地上(阳性)	地下(阴性)

先民通过自然生发的辩证法思想,将世界万物与太阳、太阴一一比附:

阳光可以照射到的比附为阳,阳光照射不到的则比附为阴;多有阳光的比附为阳,少有阳光的比附为阴;有阳光一般温暖、热烈的比附为阳,有月亮一般清冷、沉寂的比附为阴。按照这样的路径,先民进一步指认:

阳	阴
春季	秋季
夏季	冬季
躁动	宁静
亢奋	抑制
肯定	否定
明亮	黑暗
暖	寒
上	下
左	右
火	水
天	地
温	凉
雄性	雌性
男	女
单数	双数
破坏力	包容力
外表	内在
过去	未来
强	弱
胖	瘦
主子	奴才

　　由此,先民认为,天地之性是由阴阳而构成。汉语的思想体系中便逐步形成两大性别分类:阴和阳。《素问·阴阳应象大论》对阴阳有如下界定:

　　　　阴阳者,天地之道也,万物之纲纪,变化之父母,生杀之本始。

　　对于自然的阴阳描述,在《老子》中有传世的言说:

　　　　道生一,一生二,二生三,三生万物,万物负阴而抱阳,冲气以为和。

　　任何事物都可以用阴阳的属性来划分。阴和阳,既可以表示相互对立、相互关联的事物,又可用来分析一个事物内部所存在的相互对立的两个方面。世界本身就是阴阳二气对立统一运动的结果。一分为二的观点带来更多的观察结果,先民的观察开始富有了抽象与辩证的意味:

阳	阴
轻清	重浊
热而炎上	寒而润下
外向	内守
上升	下降

　　先民以为,在混沌之后,清阳上浮为天,浊阴下沉为地,所以清阳为天,浊阴为地。又认为地气上升为云,天气下降为雨。《黄帝内经·阴阳应象大论》有明确记载:

　　　　故清阳为天,浊阴为地。地气上为云,天气下为雨。雨出地气,云出天气。

　　由此可见先民观察的动态意味。阴阳的动态属性表现在三个方面：

　　首先，阴阳属性并不是绝对的存在，而是相对的存在。对立的阴阳双方是互相依存的，两者相互确认对方的存在，成为对方存在的条件，任何一方都不能脱离另一方而单独存在。同时，两者又相互排斥而不相融合。所以，阴与阳是对立的，又是互根的。先民进而感受到自然界中的一切现象都是阴与阳的相互对立而又相互作用的关系，便用阴阳这个概念来解释自然界两种对立的物质势力，并认为阴阳的对立是事物本身所固有的，进而认为阴阳的对立是宇宙的一个基本规律。所以，为什么会将世界万物区分为阴阳两个部分呢？宇宙万物原本就是因为阴阳交互而生发的，宇宙万物就是阴阳的对立统一。阳上而阴下，这是一个相对静止的结果状态。阳由下而上，所以上；阴由上而下，所以下。这是一个动态的描述。那么，所谓上与下，只是一个相对的存在。上为阳，下为阴，平地相对于山峰，山峰为阳，平地为阴；但是，倘若平地相对于地底，则平地为阳，地底为阴，可见阴阳的相对性关系。"孤阴不生，独阳不长。"或者"无阳则阴无以生，无阴则阳无以化。"都是对阴阳相对存在的解释。

　　其次，阴阳属性在一定的条件下可以发生相互转化，即阴可以转化为阳，阳也可以转化为阴。阴与阳彼此消长，又相互转化。这是对世界万物动态的描写，包括运动的不同方式、方向和结果。大约在北宋年间，出现了道教的太极图（☯）：一条曲线将圆分为两个部分，黑白相对。白意味着阳，黑意味着阴。白中有一个黑点，黑中又有一个白点，标示阳中有阴，阴中有阳。黑白相对，又犹如两条游戏中的鱼，黑白两点犹如两条鱼的眼睛。太极图又称做"阴阳鱼"。所谓"阴中有阳，阳中有阴"，因为阴阳总是相对的，例如：手背为阳，手心为阴，而手心的右边为阴，手心的左边则为阳。这就是阴阳的相对转化。

　　最后，阴阳属性体现于事物的无限可分性。每一个单一事物都被看作是一个完整的阴阳统一体，每一个阴阳统一体内部都有动态的阴阳之相。于是，阴阳是世间万物的基本因子，上为阳，下为阴；动为阳，静为阴；动则阳生,动极则静;静则阴生,阴极则阳生。阴阳动静的循环往复是世界万物之根本。阴阳可以无限细分,而这概念适用于解释世界万物的不同状态,包括人本身。例如,人背为阳,腹为阴;外为阳,内为阴;上为阳,下为阴;动为阳,静为阴;通为阳,滞为阴;力量与精神为阳,体液与温度为阴。身体内的每一个经络也都分为阴与阳。

关于人体,《素问》中便有精彩陈述:

> 夫言人之阴阳则外为阳,内为阴;言人身之阴阳,则背为阳,腹为阴;言人身之脏腑中阴阳,则脏者为阴,腑者为阳……故背为阳,阳中之阳,心也;背为阳,阳中之阴,肺也;腹为阴,阴中之阴,肾也;腹为阴,阴中之至阴,脾也。

由此,阴阳属性从自然之相出发,逐渐被推展到天地之间的万事万物,而且是动态的推展,是更为细化的体系性推展,是更为辩证的相对性推展。它解释世界万物,从宇宙、自然到社会、思想等等。《素问·阴阳离合论》:

> 阴阳者,数之可十,推之可百;数之可千,推之可万;万之大,不可胜数,然其要一也。

由于立场与出发点的不同,相同的一个客观存在物,在不同的民族视野里形成具有不同内涵的概念。在汉语中,"日"为阳,"月"为阴;法语中,soleil(日)为阳, lune(月)为阴。而德语恰恰相反,Sonne(日)为阴,Mond(月)阳。梵语中,sūryaḥ(日)和 candra(月)都为阳性;塔米尔语也是如此,cuuriyaɴ(太阳)和 cantiraɴ(月亮)都为阳性。俄语却不同,原本 сóлнце(日)与мéсяц(月)相对,前者为中性名词,后者为阳性名词,以后,罗马的月亮女神 Luna(露娜)进入俄语,成为 луна(月),却归为阴性名词,并形成取代мéсяц(月)的趋势。由此衍生出各自对自然的理解、意象和联想,神奇而迷人!

第二节　生物基础的考量

大多数语言的性范畴体系都是从对人或动物最初的具体性别指认出发的,并由此将生物的性别延展到毫无生物性别的领域。从各种语言中所表现出来的性别属类划分基本规律,我们可以观察到语言性范畴与生物自然性别的密切关系。以梵语为例:

阴性	阳性
putrī(女儿)	nara(男人)
sakhī(女朋友)	sakhi(男朋友)
priyā(妻子)	sainika(军人)
kanyā(少女)	pati(丈夫)
vidhavā(寡妇)	naptri(孙子)
nāyikā(贵妇)	nau-cara(船夫)

语言性范畴体系不仅从生物自然性别出发,而且似乎是有着明确的生物自然基础。可是,当我们进行更大范围的观察,却很容易发现,这些语言性别与生物性别一致对应的案例在整个词汇中只占有非常小的比例。仍然以梵语为例:

中性	阳性
griha(家庭主妇)	barbara(外国人)
kalatraṃ(妻子)	kavi(诗人)
apatya(孩子)	bhritaka(仆人)
dhūrta-traya(三个坏蛋)	dhūrta(坏蛋)

　　语言性范畴与生物自然性别之间的冲突随处可见,而语言性范畴将并无生物自然性别的事物纳入到性别体系当中,这从更为深刻的层面表明它并不囿于生物自然性别。从词汇整体来看,语言性范畴体系与生物自然性别之间只是存在偶然或松散的联系。这可以从以下三种现象中得到证明:

　　第一,没有生物自然性别的事物概念获得了性范畴的指认。以意大利语为例:

阴性	阳性
vita（生命）	vino（酒）
uva（葡萄）	treno（火车）
strada（街道）	tavolo（桌子）
insalata（沙拉）	quadro（图画）
giacca（夹克）	naso（鼻子）
foglia（叶子）	fiore（花）

再以梵语为例:

阴性	阳性	中性
hrī（害羞）	samara（冲突）	vāsas（衣服）
smriti（记忆）	rāga（颜色,爱）	locana（眼睛）
vasudhā（土地）	megha（云）	rajas（空气）
maṣī（墨水）	akṣara-nyāsa（作品）	kāvya（诗歌）
mati（智慧）	vāyu（风）	dvamdva（纠纷）
tvac（皮肤）	tumba（长葫芦）	vartman（轨道）

　　只有当具有和不具有生物自然性别的一切事物概念被全部赋予了性别属类,语言中的性别体系才能够完整。这也就意味着语言性别范畴对生物

自然性别的必然超脱。

第二,语言性别属类与人的自然性别属类不吻合。阴性名词未必指称女性概念,而指称女性概念的名词未必就是阴性名词。指称男性和女性的名词被指认为中性名词,指称女性的名词被指认为阳性名词,指称男性的名词被指认为阴性名词。这不是偶然而鲜见的现象,而是一种在各种语言中都有所存在的现象。例如:

语言	名词	意义	性别
西班牙语	persona	人	阴性
	peatón	行人	阳性
德 语	Weib	妻子	中性
	Mädchen	女孩	中性
梵 语	priya-dāra-putra	妻子	阳性
	priya-jana	情妇们	阳性
	griha	家庭主妇	中性
	kalatraṃ	妻子	中性
	dāra	妻子	阳性

所有这些意味着语言性别范畴对生物自然性别的必然背离。

第三,语言性别属类不标示人或动物的自然性别属类。无论指称男性还是女性、雄性还是雌性,一些名词的性别属类却是相对固定的。以俄语为例:

阴性	阳性
со́ня(贪睡的人)	конферансье(报幕员)
тихо́ня(文静的人)	профе́ссор(教授)
неве́жда(外行)	колле́га(同事)
зайка(口吃的人)	маэ́стро(大师)
рази́ня(散漫的人)	врач(医生)
забия́ка(好挑事的人)	ре́фери(裁判)
пла́кса(爱哭的人)	судья́(法官)
аку́ла(鲨鱼)	кит(鲸鱼)

再以法语为例:

阴性	阳性
connaissance（熟人）	picaro(骗子)
vedette(明星)	caractère(性情中人)
personne（人）	peuple(人民)
recrue（新兵）	professeur(教授)
sentinelle（哨兵）	docteur(医生)
victime（牺牲品）	labeur(苦工)

有很多指称动物的名词只有一个属性,无论动物本身是雌性还是雄性。以法语为例:

阴性	阳性
souris（老鼠）	écureuil（松鼠）
salangane(金丝燕)	pic(啄木鸟)
tortue(乌龟)	léopard(金钱豹)

vipère（蝰蛇）　　　　　　coucou（杜鹃）

alouette（云雀）　　　　　　paon（孔雀）

bécasse（山鹬）　　　　　　moineau（麻雀）

如果需要确切指认它们的性别,则需要添加形容词 mâle, femelle,而它们本身的阳性范畴并不发生任何改变。当然,法语中区分生理自然属性的名词也是存在的,例如:taureau（公牛,阳性）,vache（母牛,阴性）,但为数不多。而在塔米尔语中,所有指称动物的名词都归入中性。

这些现象表明语言性别属类对动物自然性别的模糊指认。所以,从以上例证看来,我们难以想象语言的性范畴是建立在生物基础之上的。

由此可以做出初步的结论:生物自然属性只是语言性别范畴体系的基本出发点,却不是语言性别范畴体系的必然基础。

假如我们将语言性范畴与生物性范畴看作是密切相关的,那么,无论我们是证实还是证伪,我们的立场都是错误的,我们所获得的研究结论也必定是虚假的。作为一个系统,语言性范畴与生物性别并无关涉,这也足以解释为什么不同的语言具有不同的性别指认。一旦性范畴系统建立,便形成规约和经验,从而构成它自身内部的行为方式、功能方式、信仰、价值观以及能力关系,根植于语言之中,并获得一定的彰显。

性别范畴系统的价值不在于语法形式,而在于内部的结构规约。比方,按照语法解释,阴性词尾与阳性词尾有区别,可是,语法解释从来都不能面对这样一些问题:为什么德语的 das Weib（妻子）是中性,而法语中的 la sentinelle（哨兵）却是阴性呢？ 为什么先民将性别赋予了无性别的事物又赋予人相反于现实的性别了呢？ 性别范畴的思想基础究竟是什么呢？ 为什么拉丁语的抽象名词往往是阴性呢？ 为什么西班牙语、意大利语、葡萄牙语的相应抽象名词却是阳性的呢？ 不存在为了性别而建立性别的体系,更没有为了语法一致而存在性别的价值。

性别体系反映人类对名词指称事物概念的文化、政治、社会等方面的解释。

　　语言性范畴不是天赋的,而是一个逐步完成的过程。它是一个分配系统,是对生物性别、信仰、习俗、责任、态度、权力、限制等等的多重认知的过程中完成的一种分配系统。它不是原因,而是结果。它应该得到充分的理性解释。

第三节　语音的考量

　　从理论上来分析,语音是语言符号施指,指称世间万物的概念。性范畴的语音标示是语言符号施指的一个要素,指称性范畴中的一系列概念。但是,性范畴语音符号标示本身是否具有内在的一致性呢? 假如有,那么,性范畴便具有可预测性;假如没有,那么性范畴便不具有可预测性。实际的问题则是:性范畴语音符号标示本身具有一定的模糊性,呈现出部分的可预测性和部分的不可预测性。需要考虑的问题是:这是性范畴语音的初始状态呢,抑或是性范畴语音流变的结果呢?

　　在所有的语言中,俄语的性范畴体系是公认的最具有可预测性的,因为俄语的名词有较为一致的性范畴标示,特别容易辨认,例如:尾音-ka 标示阴性,尾音-ec 或-c 标示阳性,尾音-o 标示中性。

阴性	阳性	中性
поилка(喂水器)	адрес(住址)	перо(羽毛)
покупка(买)	бес(魔鬼)	пианино(钢琴)
треска(鳕鱼)	бокс(拳术)	письмо(信)
тройка(三)	вопрос(问题)	ремесло(手艺)
окраска(颜色)	насос(抽水机)	убииство(杀人)
остановка(停止)	эпос(史诗)	ядро(核)

为什么偏偏又出现诸如：дедушка（祖父，阳性），штаб（参谋部，阳性）等等违背俄语常规的语音表达呢？

即便是最具可预测性的俄语，仍然存在部分的模糊状态。通性名词的存在便是典型的例证。所谓通性名词即一个语音单位指称具有自然性别的人或者动物却并不标示性别，或者，同时标示两种性别，即阴性和阳性。例如：

неря́ха（邋遢的人）　　　умница（聪明的人）

рази́ня（马大哈）　　　кале́ка（残疾人）

сирота́（孤儿）　　　запева́ла（领唱歌手）

语句中其他要素的性范畴则根据通性名词的实际指称而改变。例如：

(53) Эта　　　де́вочка—　　кру́глая　　　　сирота́.（Пулькина，P26）

（这-阴-单）（小姑娘-阴-单）（父母双亡的-阴-单）（孤儿-通-单）

"这个小姑娘是个孤儿。"

(54) Этот　　　ма́льчик — кру́глый　　　сирота́.（Пулькина，P27）

（这-阳-单）（小男孩）　（父母双亡的-阳-单）（孤儿-通-单）

"这个小男孩是个孤儿。"

(55) Эта　　　учени́ца — на́ша　　лу́чшиая　　запева́ла.

（这-阴-单）（女学生-阴-单）（我们的-阴-单）（最好的-阴-单）（领唱歌手-通-单）

"这个学生是我们最好的领唱。"

(56) Этот　　　учени́к — наш　　лу́чший запева́ла.（Пулькина，P27）

（这-阳-单）（学生-阳-单）（我们的-阳-单）（最好的-阳-单）（领唱歌手-通-单）

"这个学生是我们最好的领唱。"

　　与俄语不同,法语采用了二分法:阴性和阳性。法语被看作是世界语言中性范畴体系最为模糊、最为难以预测的。在从拉丁语到古法语的流变过程中,语言符号与性别属类之间越来越没有一致性的和谐,语音的改变是最为主要的原因,尤其是晚期拉丁语元音长度的缩短与弱化、末位辅音的弱化与消失以及随意添加的腭音化,例如:元音/ii/缩短为/i/,元音/oo/缩短为/o/,元音/aa/缩短为/a/,元音/uu/缩短为/u/,末位辅音/m/消失,而破裂发音/d/和/b/出现的频率越来越少等等。①性别属类的不同语音标示大量消失,而语音标示与性范畴分类之间失去了原本就不是天然结合的联系。也正是在这样的过程中,大量的名词性别属类发生或是必然或是偶然的流变:中性名词变为阳性名词或阴性名词,阳性名词变为中性名词,阴性名词与阳性名词相互转化。无论这是因为语音本身的流变,还是因为人们认识能力和方式的改变,或是二者兼而有之,这样的语言事实在很大的程度上模糊了古法语性别属类划分的原始映像。而在时间的流程中,阳性名词与阴性名词相互转化,中性名词转化为阴性或阳性名词逐渐成为主流,②古法语重建了自我完善的性范畴体系:阴性和阳性。

拉丁语　→　古法语

阳性→阴性	阴性→阳性
coloorem→coleur(颜色)	arborem→arbor(树)
furoorem→fureur(疯狂)	siicomorus→sycamore(埃及无花果)

---

① 参阅:Vincent. 1988. PP32—33.

Diederich, Paul B. *The Frequency of Latin Words and Their Endings*. Chicago:University of Chicago Press. 1939.

② 参阅:Maria Polinsky and Ezra Van Everbroeck. Development of Gender Classifications:Modeling the Historical Change From Latin to French. *Language*. Volume 79, Number 2(2003):376—381.

flooris→flor(花)　　　　　　　　piinus→pin(松树)

dolor→doleure(痛苦)

中性→阴性　　　　　　　　　　中性→阳性

vigilia→veille(警戒)　　　　　　cor→cœur(心)

gladium→glaie(剑)　　　　　　marmor→marmer(大理石)

mare →mare(海)　　　　　　　noomen→nom(名字)

值得注意的是,存在不确定的性别走向,中性名词同时转向阴性和阳性,例如:

拉丁语　→　古法语　→　现代法语

gaudium → joi(e)(快乐;阳性,阴性)→ joie(快乐,阴性)

当然,也有语音符号与性别属类保持相对稳定的,例如,拉丁语 labor(劳作,阳性)→古法语 labor(劳作,阴性)。而法语本身从古法语到现代法语也早已经历了一系列的语音变化,例如:古法语 labor(劳作,阴性)→现代法语 labour(劳作,阳性)。如果我们以现代法语作为统计和分析的依据,那么,所获得的语音性别属类结果只能对现代法语的学习和运用起到一定的辅助作用,而并不具有语言学意义的真值。下面列出部分古法语与现代法语的语音对照[①]:

古法语　　　　　　　　　　　现代法语

abatage(砍伐,阳)　　　　　abattage(砍伐,阳)

abatant(活动板,阳)　　　　abattant(活动板,阳)

---

① 根据:《法汉词典》编写组,《法汉词典》,上海:上海译文出版社,1982 年版。

abatée(艉偏离,阴)　　　　　　abattée(艉偏离,阴)

académiste(科学院院士,阳)　　académicien(科学院院士,阳;-ne,阴)

accommodement(整理,阳)　　　arrangement(整理,阳)

accordailles(订婚,阴,复)　　　fiançailles(订婚,阴,复)

accoutrement(服装,阳)　　　　vêtements(服装,阳,复)

admiration(惊奇,阴)　　　　　étonnement(惊奇,阳)

affabulation(寓意,阴)　　　　　morale(寓意,阴)

aigue(水,阴)　　　　　　　　　eau(水,阴)

ais(木板,阳)　　　　　　　　　planche(木板,阴)

allégeance(缓和,阴)　　　　　　adoucissement(缓和,阳)

allobroge(粗野的人,阳)　　　　grossier(粗野的人,阳)

aloi(合金,阳)　　　　　　　　　alliage(合金,阳)

alumelle(刀刃,阴)　　　　　　　trenchant(刀刃,阳)

amant(情人,阳,-e,阴)　　　　　amoureux(情人,通)

amplitude(广度,阴)　　　　　　ampleur(广度,阴)

analectes(文选,阳,复)　　　　　analecta(文选,阳,复)

antiquaille(古老,阴)　　　　　　antiquité(古老,阴)

août(收获,阳)　　　　　　　　　récolte(收获,阴)

　　从中可见:语音性别标记的流变与稳定相对同时并存。我们难以从现代语音切入性别属类的根本症结便在于此。同时,性别属类也只是相对稳定。

　　语言是人类观察世界、认识世界的方式和结果。

　　关于性范畴,是不是可以尝试追索先民是如何认识的呢? 比方,他们是不是会选择用同一种语音形式来表达同一种性别属类? 或者,选择多种语音形式来表达同一种性别属类呢? 或者,他们原本只是选择了同一种语音形式而后这一语音形式发生了各种可能的流变? 举个例子,根据考尔伯特的《性范畴》①,高迪语的末尾元音几乎全部标示性别属类,可能有几个元音同时标示一种性别属类,而这些元音的发音位置都是相互关联的。有可能因为前后语音的不同而发生音变,诸如清化、浊化、弱化、强化等等,这些变化又可能引发更多的变化。在原始文献匮乏的情况下,我们只能期待有更多的考古发现。在做各种假设的同时,谨慎求证。

第四节　性范畴隐匿的考量

我们观察到,世界上,有些语言倾向于用外显的符号,而有些语言则倾向于内隐的发挥。这不仅仅表现在性别范畴,而且表现在数范畴、格范畴以及冠词等等。而冠词、数词、末位音等等都是常见的外显符号的标志。

在二十世纪之初,语言学家沙尔·巴依在《语言与生命》中指出②:

从严格的语言学观点来看,印欧语系中的方言的确在演化的过程中倾向于以外显的符号取代内隐的发挥。在各种情况下,当人们要表示一定范围内的一定数量的时候,人们便发挥词汇符号的作用,比方,要么用数量来表示:

trois hommes

三个人

……

L'homme est un mammifère.

人类是一种哺乳动物。

---

① Greville G. Corbett. *Gender*. Cambridge:Cambridge University Press. 1991. P62—63.
② 沙尔·巴依,《语言与生命》,裴文译,南京:南京大学出版社,2006 年版,第53—54 页。

要么在特定的形式或语境中进行指称：

cet homme
这个人

ces hommes
这些人
……

印欧语系方言的古老特征便是倾向于内隐的发挥。比方，俄国人说 Chien mord home（狗咬人）……

　　语言研究者大多将汉语、日语、朝鲜语等看作是没有性别范畴体系的语言，这当然是因为人们对这些语言表面的观察和判断。可是，对这些语言的进一步分析，我们便可以发觉它们所具有的性范畴真相。在汉语中，没有显在的性别形式，没有标示性别属类的冠词，也没有语词末位语音变化，但是，性意识则无处不在。也就是说，无论是否具有显在的性别属类符号，各种语言之中已经深度地交织了民族的性范畴观念。在汉民族的观念之中，阴阳为宇宙万物的两体客仪。《周易·系辞上》："易有太极，是生两仪。"孔颖达疏："两仪谓两体容仪"。阴阳是从太极中产生出来。体现一分为二的宇宙发生观思想。万事万物皆可归属于阴阳两仪。阳仪代表奇数、光明、正向、运动、白色、刚强、外在、正数、俯下、实际、左边、德生、开放等一系列涵义；阴仪代表偶数、阴暗、反向、安静、黑色、柔和、内在、负数、仰上、空虚、右边、刑杀、关闭等一系列涵义。
　　汉民族的方位概念是：上南下北，左东右西。五方为东南西北中。五方与五行相配，五行分别为：木、火、金、水、土。"木"具有生发、畅达的特性；"火"具有炎热、向上的特性；"金"具有清静、收杀的特性；"水"具有寒冷、向下的特性；"土"具有长养、化育的特性。所以，天南为阳，地北为阴；日东为阳，月西为阴。东方属木，北方属水，水生木。如下是关于方位、五行与阴阳的分配：①

方位	五行属性	阴阳属性
中	土	阴
南	火	阳
北	水	阴
东	木	阳
西	金	阴
前	火	阳
后	水	阴
左	木	阳
右	金	阴

我们再来尝试从汉语动物名称方面来观察汉民族对性别范畴的指认。

在汉语中，"鱼"为阴物。两尾鱼一上一下相对，由此印象诞生了汉字"鱟"。两尾鱼为两阴，即所谓的"男阴"与"女阴"。两者相交，象征属于阴性的人、事、物等相互的纠缠。

"鱼"具有"生殖繁殖"的意象。

"兔"也属于阴性，与"土"同音通义。"地"为阴，"土"也为阴。兔一月一育，生命力旺盛。它的繁殖与月的周期同步。"兔"又是"月"的别称。"月"为阴性。神话传说：月中有兔，兔捣不死之药。

有关"羊"。在古代汉语中，羊这一动物被称做"义兽"，羊性温顺，小羊吃奶的时候是前足跪地的，它所形成的意象是母与子的情意，是子对母的感

① 参阅：龙建春，《阴阳家》，重庆：重庆出版社，2008 年版。

恩。在汉代的瓦当上有"吉羊"二字。根据《说文解字注》：[①]

> 羊，祥也。叠韵。考工记注曰。羊，善也。……

在汉字当中，但凡有"羊"参与构成的汉字，多半都与"祥"有语义关联。例如：美、善、養、鲜、羡、羞、義、羹、恙、群、羊、佯等等。"羊"与"阳"，两字古音相同，字义相通。"三羊开泰"即"三阳开泰"。

关于"豕"。古汉语中的"豕"即现代汉语中的"豬(猪)"。所有从"豕"的字大多与"猪"相关联。例如：家、嫁、稼、圂、逐、豪、象、豢等等。家畜与八卦相配，猪属于坎卦。坎卦与水相关，所以，猪是"水畜"。在五行中，水本为阴，水畜则是指阴性牲畜。

在十二生肖中，猪排在末位。在十二地支中，亥排在末位。在五行中，水本为阴，地支中的"亥"又是"阴水"那么，"亥猪"就是阴上加阴的了。

在十二生肖中，马排第七，十二地支，午排第七，所以有"午马"之称。十二地支与五行相配，午属火。所以，马在畜属火。动为阳，静为阴。快为阳，慢为阴。马快牛慢。再者，按照中国先民的五行八卦：乾为天，天行健，天有健的特性，所以有"乾健"之说；坤为地，地顺从天，地有顺从的特性。所以有"坤顺"之说。马在畜属火，在卦属乾；牛在畜属土，在卦属坤。所以有"马健牛顺"之说。

动物命名本身就具有丰富的文化内涵，包括古代思想文化观念中的农桑意识、孝道意识、君长意识等等，是先民民族精神的纹样。不妨观察其他民族相应的各种动物的性别属类划分：

汉语	德语	法语
龟(阴)	Schildkröte(阴)	tortue(阴)

---

① ［汉］许慎撰，［清］段玉裁注，《说文解字注》，上海：上海古籍出版社，1988 年版，第145 页。

熊（阳）	Bär（阳）	ours（阳）
鱼（阴）	Fisch（阳）	poisson（阳）
鼠（阳）	Maus（阴），Ratte（阴）	souris（阴），rat（阳）
牛（阴）	Rind（中）	bœuf（阳）
虎（阳）	Tiger（阳）	tigre（阳）
兔（阴）	Hase（阳）	lapin（阳）
龙（阳）	Drache（阳）	dragon（阳）
蛇（阴）	Schlange（阴）	serpent（阳）
马（阳）	Pferd（中）	cheval（阳）
羊（阴）	Schaf（中）	ovin（阳）
猴（阳）	Affe（阳）	singe（阳）
鸡（阴）	Huhn（中）	poulet（阳）
狗（阳）	Hund（阳）	chien（阳），chienne（阴）
猪（阴）	Schwein（中）	porc（阳）

　　各个民族就是这般按照自己民族精神中的性范畴体系规则将性别属类分配给各样的动物,个性和共性同时并存。

　　阴阳是汉民族认识世界的基础,也是汉民族对世界认识的根本性抽象,一切事物都在阴阳中得以排列:天地、男女、父子、君臣、长幼、夫妇、晴阴、明暗、昼夜、前后、上下、左右、高矮、胖瘦、冷热、明暗、大小、长短、轻重、近远、胜败、强弱、黑白、日月、攻防、进退、虚实、学问等等。

　　这些阴、阳的概念深入汉民族思想意识之中。从庞朴的《中国文化十一讲》中,我们读到:[①]

　　　　圣人说:贵阳贱阴,男阳女阴,上阳下阴,君阳臣阴,达阳穷阴("达"就

---

　　① 庞朴,《中国文化十一讲》,北京:中华书局,2008 年版,第 38 页。

是想法能够施行于天下;"穷"就是无法施展抱负),言阳默阴(说话为阳,沉默不语为阴),与阳受阴(给别人东西是阳;接受别人赠与就是阴),先阳后阴。诸如此类,都是圣人用来连接阴阳与行为方式的基本构架。

在汉语中,单个的名词没有显在的性别属类符号,但是,从形容词与名词的搭配,我们可观察汉语特殊的隐匿表达方式。在日常生活中,我们很自然地会说出:

　　　灿烂的阳光(阳)
　　　朦胧的月光(阴)

　　　坚硬的石头(阳)
　　　柔软的棉花(阴)

　　　强大的国家(阳)
　　　无助的百姓(阴)

却说不出:

　　　*朦胧的阳光
　　　*灿烂的月光

　　　*柔软的石头
　　　*坚硬的棉花

　　　*无助的国家
　　　*强大的百姓

除非我们在特殊的语境中使用特别的修辞。那么,我们为什么说不出来呢?是什么在支配着我们的言说呢?性范畴自然的基本组织要素又是什么呢?

"阳光"与"月光","石头"与"棉花","国家"与"百姓",所有这些语言符号在映现客观事物的同时已经摄入了汉民族主观判断,包括性别属类的情感印象。换句话来说,我们的先民已经用阴阳将世间万物区分出性别属类。性别属类是主观的判断,也可以是客观的判断,无论如何,一切都已经融入了汉语体系,成为一种可能存在的表达规则。例如:

> 明媚的春天(阳)
> 萧瑟的秋天(阴)
>
> 炎热的夏天(阳)
> 寒冷的冬天(阴)

然而,我们又可以说:

> 阴雨连绵的春天(阳)
> 金色的秋天(阴)
>
> 清凉的夏天(阳)
> 暖洋洋的冬天(阴)

这个时候,我们会发现这些形容词与名词的搭配是可选择的,是或然的,却不是必然的或规定性的。汉语的性范畴似乎是在若有若无之间,说它存在,它却是没有形式的;说它不存在,它却又是有性别内涵的。汉语性范

畴意识本身通过各样的手段或方式不断地自我表现,又不断地自我隐匿,在
对世间万物的客观界定过程中,似乎也是在随着性别属类的情感印象游走。
我们很自然地将下列语词分为两个性别属类:

阳	阴
高贵	低贱
娶妇	丧妇
制人者	制于人者
言说	沉默
给予	接受

一阳,一阴,成为相对存在的表达,它们各自所承担的性别价值已经完
全成为客观的存在,在言语体系之中发生一定的规约作用。虽然我们可以
随意说出:

积极的给予(阳性)
积极的接受(阴性)

消极的给予(阳性)
被动的接受(阴性)

我们还可以说出:

积极的言说(阳性)

却很少说出:

　＊积极的沉默（阴性）

我们说：

　高峰（阳）
　低谷（阴）

也会说：

　低峰（阳）
　高谷（阴）

我们可以用矛盾修辞法说出：

　低贱的高贵（阳性）
　高贵的低贱（阴性）

　温柔的一刀（阳性）
　残酷的一吻（阴性）

　温柔的残酷（阳性）
　残酷的温柔（阴性）

却不能以形容词"低"修饰"贵"，也不能以形容词"高"修饰"贱"而说出：

　＊低贵（阳性）
　＊高贱（阴性）

　　所有表达的成立在于：一方面，它们顺应汉民族所指认的世间事物本来面目，呈现它们在世间相对的位置或空间、形式或姿态、特性或本质。另一方面，性别属类的情感判断从根本上参与了表达的建立，成为构建表达的一个不可或缺的基本要素。两个方面相互作用，宰制汉语表达的成立或者不成立。而所有这一切都没有显在的性范畴形式。

　　为什么汉语不具有显在的性范畴形式呢？

　　因为没有物质基础。任何表达都必须依赖于语音，而汉语词的语音是相对封闭而固定的，既没有前位首音，也没有末位尾音。反映到文字的层面，便没有前缀和后缀，没有以词根为核心的词形改变：汉语的名词、动词、形容词等等从语音到形式都是相对封闭而极少变化的，这样，它便不可能为性范畴提供任何物质的基础，也便没有能力携带性别形式。

　　汉语的形容词与名词搭配表达汉语性范畴本身的构建模式和发展趋势。汉语的性范畴潜存于汉民族语言意识之中，它既没有显在的形式依托，也没有潜在的规则目标，在基本的"背阴向阳"这一恒定的功能基础之上建立可能的逻辑推论和逻辑理想。

　　有趣的是，无论是否具有外显语言符号，各种语言都有着各自精密的体系模式，这种现象是否在挑战性范畴形式的存在价值呢？抑或，它只是作为一种语言符号的奢侈品而存在呢？纵观世界语言，各种语言从来都在享受着各自体系的自足与奢华。从这个角度来看，每一种语言都是独具特色的完美艺术品。它们没有给我们留下任何可以做出优劣评判的空间。

第四章　性范畴体系的结构形态

需要特别说明一点:就性范畴的本源,我们不能不承认性范畴并不是出自语言本身,它具有深刻的认识论内涵,所以,完全不能够以语法形式解释并界定性范畴。分析性范畴体系的规则和符号形态只是对性范畴结果状态的表面研究。

阴阳性范畴在不同的语言中有着不同的表现,在一些语言中,它具有自我完善的完整形式标记体系,包括语句中每一个相关语词之间的性范畴一致性的标志体系,如梵语、俄语、法语、德语、拉丁语、希腊语、西班牙语、意大利语。有些语言却在时间的流变过程中逐渐丧失性范畴标记,所剩标记屈指可数,最为典型的是英语。还有一些语言在文字的层面具有部分的性范畴标记,但在语句的层面,没有性范畴一致性的标志体系,如汉语、日语、朝鲜语、马来语。在这一章,我们只探讨具有显在性范畴体系的语言结构形态。

第一节　复合名词的性别及其结构形态

复合名词指由两个或更多具有独立、完整意义的名词合并而成的语句中的成分,基本的组合形式包括:名词＋名词,介词＋名词,名词＋介词＋名词,动词＋名词,形容词＋名词,名词＋形容词,名词＋副词等等。它们是否表现出各自的性别属类内在的规律呢?

以两个名词构成的复合名词为例,大体观察它们的性范畴结构形态:

梵语

aksara(文字-中)+ nyāsa(写下-阳)→ aksara-nyāsa(作品-阳)

aksara(文字-中)+ nirukti(语言-阴)→ aksara-nirukti(语言文字-阴)

aksara(文字-中)+ pada(句-阳/中)→ aksara-pada(字句-中)

德语

Kupfer(铜器-中)+ Stich(雕刻-阳)→ Kupferstich(铜器雕刻-阳)

Studenten(学生-阳)+ Kneipe(酒吧-阴)→ Studentenkneipe(学生酒吧-阴)

Büro(办公室-中)+ Maschine(机械-阴)→ Büromaschine(办公机械-阴)

西班牙语

auto(自我-阳)+ biografia(传记-阴)→ autobiografia(自传-阴)

arte(技巧-阴/阳)+ maña(灵巧-阴)→ artimaña(诡计-阴)

boca(口-阴)+ calle(街道-阴)→ bocacalle(街口-阴)

意大利语

città(城市-阴)+ satèllite(卫星-阳)→ cittàsatellite(卫星城-阳)

vapóre(蒸汽-阳)+ metro(刻度尺-阳)→ vaporìmetro(蒸汽压力计-阳)

auto(自我-阴)+ coscèinza(意识-阴)→ autocoscèinza(自觉-阴)

从以上例证看来,确定复合名词性别属类的关键似乎在于复合名词中的最后一个名词的性别属类。然而,有没有出现任何其他的或恰好相反的现象呢?

不妨以法语为例,观察各种复合名词的结构:

"名词 + 名词"所构成的复合名词

阴性	阳性
station-service(加油站)	tapis-brosse(门前擦鞋垫)
(阴)(阳)	(阳)(阴)
pause-café(喝咖啡的工间休息)	centre-ville(市中心)
(阴)(阳)	(阳)(阴)
appui-nuque(颈托)	taille-crayon(卷笔刀)
(阳)(阴)	(阴)(阳)
arrière-bouche(口腔后部)	passe-thé(滤茶器)
(阳)(阴)	(阴)(阳)
avant-garde(先驱者)	passe-montagne(羊毛风雪帽)
(阳)(阳)	(阴)(阴)
brise-brise(小窗帘)	passe-passe(花招)
(阳)(阳)	(阴)(阴)

　　这类复合名词的性别属类既能够以第一个名词的性别为准,也能够以第二个名词的性别为准;两个阴性名词所构成的复合名词却可以是阳性,两个阳性名词所构成的复合名词却可以是阴性的。

"介词 + 名词"所构成的复合名词

阴性	阳性
anti-logie(违反逻辑)	à-côté(枝节)
(介)(阴)	(介)(阳)
entre-voie(铁路线间距离)	aprè-ski(滑雪后穿的软皮靴)
(介)(阴)	(介)(阳)

contre-culture（反文化）　　　　　　sans-souci（无忧无虑）

（介）（阴）　　　　　　　　　　　（介）（阳）

非常明显,这类复合名词的性别属类无可争议地取决于名词的性别属类。

"名词 + 介词 +（名词）"所构成的复合名词

阴性　　　　　　　　　　　　　　　　　阳性

main-d'œuvre（劳动力）　　　　　　acquit-à-caution（货物通运准单）

（阴）（介）（阴）　　　　　　　　　（阳）（介）（阴）

mort-aux-rats（灭鼠药）　　　　　　tête-à-queue（掉头）

（阴）（介）（阳）　　　　　　　　　（阴）（介）（阴）

这一类结构的复合名词,其性别属类具有很大的不确定性。有些由第一个名词的性别属类确定,有些则是由第二个名词的性别属类确定。甚至,由两个阴性名词构成的复合名词,其性别属类归入了阳性范畴,例如:tête-à-tête（密谈,阳性）。

"动词 + 名词"所构成的复合名词

阴性　　　　　　　　　　　　　　　　　阳性

garde-robe（衣柜）　　　　　　　　　gratte-ciel（摩天大楼）

（动）（阴）　　　　　　　　　　　　（动）（阳）

passe-rose（蜀葵花）　　　　　　　　porte-clé（钥匙链）

（动）（阴）　　　　　　　　　　　　（动）（阴）

这一类结构的复合名词,其性别属类通常由名词确定。但是,也有不少相反的语言现象,例如:构成名词为阴性,而整个复合名词的性别却归入阳性属类:

阳性

barre-route(屏障广告点)

(动)(阴)

ouvre-boîtes(开罐头的器具)

(动)(阴)

rasse-mottes(超低空飞行)

(动)(阴)

"形容词 ＋ 名词"或者"名词 ＋ 形容词"所构成的复合名词

阴性	阳性
morte-eau(小潮期)	petit-beurre(奶油方糕)
(形)(阴)	(形)(阳)
ultramarine(天青石)	petit-bois(窗棂)
(形)(阴)	(形)(阳)
demi-botte(半简靴)	chou-fleur(花椰菜)
(形)(阴)	(形)(阴)
demi-finale(半决赛)	amour-propre(自尊心)
(形)(阴)	(阳)(形)

　　这一类结构的复合名词,其性别属类主要以名词的性别属类为依据,偶尔也有零星的相反语言现象。

　　语法学家一直在努力尝试总结复合名词的性别属类规律。而如上各种现象的存在,我们不能不考虑:如果复合名词的性别属类在最初的形成中有多个标准,或者,具有较为深刻的任意性,通行的结论总是显得滞后而不那么贴切。总结规律是为了更好地描写、解释语言,可是,强行的总结却会伤害到人们对语言本身的认识。我尝试以更为开放的视野,观察各类语言中复合名词性别属类的结构形态,追索支撑复合名词性别属类形成的要素。

第二节　短语的性别结构形态

语言性意识集中体现在名词之中,而在实际的语句中,则延展到所有相关要素,包括冠词、代词、形容词、副词、动词等等,性别一致成为语句的一种必须的规约,名词的性别获得充分强化。

1. 定冠词与名词

各种语言中都具有冠词或指示代词,以限定名词。它们具有强化名词意义的功能,有限定或特指的意义。定冠词与指示代词表面看来大多都非常的简单而明了,但是,在实际的语言表达中,它们却有着丰富的内涵和复杂的结构。我们依次对西班牙语、意大利语、法语、希腊语、德语等进行观察、分析。

西班牙语

西班牙语的定冠词按照性范畴体系,区分了阴性和阳性。同时,又依据数范畴,区分了单数和复数。因此,定冠词的结果形态有四种:

	阳性	阴性
单数	el	la
复数	los	las

这些形态通常用于名词之前。可以观察到的主流语言现象是:阳性定冠词与阳性名词结合,阴性定冠词与阴性名词结合。例如:

	阳性	阴性
单数	el niño (男孩子)	la niña(女孩子)

	el libro（书）	la vida（生活）
复数	los niños（男孩子们）	las niñas（女孩子们）
	los pájaros（鸟）	las flores（花）

然而,我们同时观察到完全相反的语言现象,即阳性定冠词与阴性名词结合,这多半是因为名词的形态而引发冠词性别属类的改变。例如:

el　　　　　　aula　　　　　　　las　　　　　　aulas
（定冠词-阳-单）（教室-阴-单）　　（定冠词-阴-复）（教室-阴-复）
"教室"　　　　　　　　　　　　　"教室"

el　　　　　　alma　　　　　　　las　　　　　　almas
（定冠词-阳）（人-阴-单）　　　　（定冠词-阴-复）（人-阴-复）
"人"　　　　　　　　　　　　　　"人们"

el　　　　　　hacha　　　　　　　las　　　　　　hacha
（定冠词-阳）（斧头-阴）　　　　　（定冠词-阴-复）（斧头-阴-复）
"斧头"　　　　　　　　　　　　　"斧头"

可见,当单数阴性名词的首位音为 a 或者 ha 的时候,定冠词则由阴性形式 la 改为阳性形式 el;而当复数阴性名词的首位音为 a 或者 ha 的时候,定冠词则只是发生数的改变,由单数阴性 la 改为复数阴性 las,但没有性别属类的改变。

纯粹的语音现象导致定冠词性别属类发生改变,然而,这只是局部的现象。同样语境也可能不引发任何的改变。例如:el árabe（阿拉伯男人）,la árabe（阿拉伯女人）。由此,我们似乎可以尝试追问:定冠词的结构价值是否就是在于强化名词包括性别属类在内的意义呢? 这种现象的存在可以启发我们从多个层面和角度来观察性范畴体系。

意大利语

意大利语的定冠词同样也是按照性范畴体系区分了阳性和阴性。同时，又依据数范畴，区分了单数和复数。因此，定冠词的结果形态应该有四种，但由于名词首位语音的缘故，定冠词阳性形式有四种，再加上阴性形式，那么，意大利语的定冠词共计有六种结果形态：

	阳性	阴性
单数	il/lo	la
复数	i/gli	le

这些形态通常用于名词之前。可以观察到的主流语言现象是：阳性定冠词与阳性名词结合，阴性定冠词与阴性名词结合。可以从如下的现象中观察形态的改变：

	阳性	阴性
单数	il bambino(男孩)	la bambina(女孩)
	lo yacht(游艇)	la tigre(老虎)
	l'albero(树)	l'anatra(鸭子)
复数	i bambini(男孩们)	le bambine(女孩子们)
	gli yacht(游艇)	le tigri(老虎)
	gli alberi(树)	le anatre(鸭子)

假如阳性名词的首位语音是元音或者半元音 h，或者是包括 gn-,ps-,s-,x-,y-,z- 等在内的辅音，定冠词为 lo，元音和半元音之前则简略记为 l'，以准确记录语音，相应的复数定冠词为 gli-；其余的首位辅音之前基本上都是 il，

相应的复数定冠词则为 i。阴性名词首位音若为元音或半元音 h,定冠词简略记为 l',阴性复数名词的定冠词则没有简略记录形式。

法语

法语的定冠词相对于西班牙语和意大利语的定冠词,似乎要简单一些。区分了阴性和阳性,又因为与数范畴一致的问题,而有了单数与复数的区分。定冠词的结果形态有四种:

	阳性	阴性
单数	le/l'	la/l'
复数	les	les

这些定冠词的形式用于名词之前。在元音或送气音 h 之前,根据性别属类,分别使用 le 和 la。但是,值得注意的是,无论是阴性还是阳性,只要名词的首位音是元音或者哑音 h,之前一律记录为 l';而无论是阴性还是阳性,只要是复数,之前一律采用 les。可以对定冠词与名词的结合做进一步的观察:

	阳性	阴性
单数	le chat(猫)	la ville(城镇)
	le haut(顶端)	la hache(斧头)
	les magasins(商店)	les soufflantes(鼓风机)
	l'oiseau(鸟)	l'oisiveté(空闲)
复数	les pères(父亲们)	les mères(母亲们)

这种现象是不是会弱化定冠词的性别指示功能呢? 当定冠词不能够确定指示名词的性别属类时,它的存在价值是否会遭遇质疑呢?

希腊语

从古希腊语到现如今的现代希腊语，双数范畴消失，格范畴中的与格消失，但阴性、阳性和中性的区分系统依然沿用至今。希腊语中的定冠词从来就与名词密切相关，与名词的性范畴、数范畴以及格范畴保持严格的一致性，以主格为例：

	阳性	阴性	中性
单数	ὁ	ἡ	τό
复数	οἱ	αἱ	τά
双数	τώ	τώ	τώ

希腊语的定冠词大体是由指示代词演变而来，用于强调或者特指，以区分于他类事物。任何一类词语，包括数词、形容词、副词等等，只要前面加上定冠词，这些词就可以获得名词的功能。定冠词的末位音往往与名词末位音是一致的。仍然以主格为例：[①]

	阳性	阴性	中性
单数	ὁ ποταμός(河)	ἡ κώμη(乡村)	το δῶρον(礼物)
	ὁ ἀνήρ(男人)	ἡ ὁδός(路)	τὸ δίκαιον(正义)
复数	οι ποταμοι(河)	αἱ κώμαι(乡村)	τὰ δῶρα(礼物)

定冠词的标准位置是在名词之前。如果名词之前有修饰形容词，定冠词则在形容词之前。定冠词的位置为：定冠词＋形容词＋名词。如果修饰

---

① 参阅：信德麟，《拉丁语和希腊语》，北京：外语教学与研究出版社，2007 年版，第323—324 页。

的形容词在名词之后,定冠词则分别同时出现在名词和形容词之前。定冠词位置为:定冠词 + 名词 + 定冠词 + 形容词。例如:

ἡ   κώμη

(定冠词-阴-单)(乡村-阴-单)

"乡村"

ἡ   δειωη   κώμη

(定冠词-阴-单)(可怕的-阴-单)(乡村-阴-单)

"可怕的乡村"

ἡ   κώμη   ἡ   δειωη

(定冠词-阴-单)(乡村-阴-单)(定冠词-阴-单)(可怕的-阴-单)

"可怕的乡村"

定冠词在指示性范畴的功能方面具有强势的作用。

德语

德语的定冠词通常用于名词之前,与名词的性范畴、格范畴和数范畴保持形态变化的一致性。所以,它有阴性、阳性和中性的形式区分。同时,名词分为四格,定冠词也随之发生形式上的变化。在与数范畴联系方面,形式相对简单,没有性别属类的表达,只有格范畴的标示。

第四格/宾格	den	die	das	die
第三格/与格	dem	der	dem	den
第二格/属格	des	der	des	der

以上的定冠词一览表似乎有些交错而凌乱,德语名词本身的语音性别标示功能就相对比较弱,再加上名词复数形式丰富而多变的形式:有些单数、复数的形式完全一致,有些则变化多端。定冠词对性别的彰显能力是相当有限的。以主格为例:

	阳性	阴性	中性
单数	der Hund(狗)	die Schule(学校)	das Ei(鸡蛋)
	der Mann(男人)	die Diamant(钻石)	das Genus(性别属类)
复数	die Hunde(狗)	die Schulen(学校)	die Eier(鸡蛋)
	die Männer(男人们)	die Diamanten(钻石)	die Genera(性别属类)

有鉴于以上的描写和分析,我们仍然需要追问:定冠词的性范畴指示价值究竟是怎样实现的呢?

2.形容词与名词

在冠词以外,与名词关系最近的便是形容词,它紧随名词的性、数、格发生形态上的变化。我们不妨依次对拉丁语、法语、意大利语、西班牙语等进行观察、分析。

拉丁语

拉丁语的形容词总是与名词保持性、数、格的一致,词尾与名词相同。名词有五种类型的变格,这一变格又与名词的性别属类紧密相联。形容词在格的变化方面出现两种现象:

其一,形容词按照名词的第一变格和第二变格发生变化,即阳性和中性词干-ŏ,阴性词干-ā。

其二,形容词按照名词的第三变格发生变化,即词干-ĭ。

需要说明的是,尽管名词共有五种变格,但是,形容词从来就没有按照第四变格和第五变格发生变化。

为了适应名词的三种性别属类,每一个形容词都有三种性别形式:

	阳性	阴性	中性	意义
主格/单数	sānus	sānusa	sānusum	健康的
	ruber	rubra	rubrum	红色的
属格/单数	pulchrī	pulchrae	pulchrī	美丽的
	ācrĭs	ācrĭs	ācrĭs	尖锐的
主格/复数	magnī	magnae	magnă	大的
	sōlī	sōlae	sōla	唯一的
属格/复数	aliōrum	aliārum	aliōrum	其余的
	fēlīcium	fēlīcium	fēlīcium	幸福的

不妨来观察形容词与名词结合过程中所表现出的性、数、格一致性:

主格:

vōcis　　　　ācrĭs　　　　cornū　　　　ācrĕ
(声音-阴-单)(尖锐的-阴-单)　(兽角-中-单)(尖锐的-中-单)
"尖锐的声音"　　　　　"尖锐的兽角"

hortus　　　　sacer　　　　caelum　　　　sacrum
(花园-阳-单)(神圣的-阳-单)　(天空-中-单)(神圣的-中-单)
"神圣的花园"　　　　　"神圣的天空"

opris   facilĕ   anĭmus   facĭlĭs

（工作-中-单）（容易的-中-单）（灵魂-阳-单）（简单的-阳-单）

"简单的工作"

属格：

poētae   potĕntis   nātōrum   potentium

（诗人-阳-单）（有能力的-阳-单）（儿子-阳-复）（有能力的-阳-复）

"有能力的诗人"   "有能力的儿子们"

fēmĭnae   fēlīcis   fēmĭnārum   fēlīcium

（女人-阴-单）（幸福的-阴-单）（女人-阴-复）（幸福的-阴-复）

"幸福的女人"   "幸福的女人们"

bellī   fortĭs   bellōrum   fortium

（战争-中-单）（强大的-中-单）（战争-中-复）（强大的-中-复）

"强大的战争"   "强大的战争"

rosa   puellae   lingua   rosae

（玫瑰花-阴-单）（女孩子-阴-单）（语言-阴-单）（玫瑰花-阴-单）

"女孩子的玫瑰花"   "玫瑰花的语言"

我们从中可以观察到性别范畴的渗透力和表达力。拉丁语的形容词有一个特性：它既可以用以修饰名词，本身又可以独立化作名词，成为阳性名词，例如：multī（许多人←许多的），mala（坏事情←坏的），omnia（一切←所有的），omnēs（众人←所有人的）等等。

法语

法语的形容词随着名词性别属类的改变而发生较为丰富的形态变化。大体可以观察到三种现象:

其一,形容词在用于阳性名词之前的时候,往往因为名词首位音的缘故而发生末位音甚至整个末位音节的改变。所以,形容词有两种形式,一种是标准形式,而另一种则是变异形式。后者往往用于首位音是元音或者哑音 h 的名词之前。例如:

标准形式   **变异形式**

beau jour(美好的日子)   bel oiseau(美丽的鸟儿)

vieux livre(旧书)   vieil ombre(旧影)

其二,形容词标准形式与阳性单数名词结合,词尾附加-e 即可与阴性单数名词结合。假如形容词标准形式的末位音是-e,那么,这个形式则是通用的,既可以与阳性单数名词结合,也可以与阴性单数名词结合。例如:

triste résultat(可悲的结果)   triste destine(悲惨的遭遇)

ouvrage diffus(冗长的作品)   lumilère diffuse(漫射光)

其三,形容词的阴性复数形式相对简单,大体只是在阴性单数形式之后添加-s,而阳性复数就较为复杂了:如果阳性单数的末位音是-s 或者-x,阳性复数则不发生任何语音改变;如果阳性单数的末位音是-au,-al,或者-eu,相应的阳性复数末位音则是-aux 和-eux。其他情况则只是在阳性单数形式之后添加-s。例如:

rouge(红色的-阴-单)→ rouges(红色的-阴-复)

morte（死亡的-阴-单）→ mortes（死亡的-阴-复）

heureux（幸福的-阳-单）→ heureux（幸福的-阳-复）

hébreu（希伯来人的-阳-单）→ hébreux（希伯来人的-阳-复）

intelligent（智慧的-阳-单）→ intelligents（智慧的-阳-复）

事实上，不只是存在这样三种现象，大量形容词阴、阳对立形式是个性化的。例如：

阳-单	阴-单	意义
blac	blanche	白色的
neuf	neuve	新的
sec	sèche	干的
public	publique	公共的
frais	fraîche	新鲜的
exprès	expresse	快速的

不妨进一步观察形容词与名词结合的更多的例证：

mort   naturelle   genre   naturel

（死亡-阴-单）（自然的-阴-单）   （性别-阳-单）（自然的-阳-单）

"自然死亡"   "自然性别"

choses   indifférentes   problèmes   nationaux

（事情-阴-复）（无关紧要的-阴-复） （问题-阳-复）（民族的-阳-复）

"无关紧要的事情"   "民族问题"

petite　　　　　rue　　　　　　　　petit　　　　　garçon

（小的-阴-单）（路-阴-单）　　　　　（小的-阳-单）（男孩-阳-单）

"小路"　　　　　　　　　　　　　　"小男孩"

belles　　　　　amies　　　　　　　beaux　　　　　oiseaux

（漂亮的-阴-复）（朋友-阴-复）　　　（美丽的-阳-复）（鸟-阳-复）

"漂亮的朋友"　　　　　　　　　　　"美丽的鸟"

在上文中观察到:定冠词性别指示能力显然是不够充分的。那么,形容词较为丰富的形式是否能够有所弥补呢?

意大利语

意大利语的形容词与名词关系密切,保持形式上的基本一致。绝大部分形容词都因为名词的性别属类而发生末位音的改变。同时,形容词也因为名词数范畴而发生末位音的改变。不妨观察如下语言现象:

donna　　　　　stanca　　　　　　uomo　　　　　stanco

（女人-阴-单）（疲劳的-阴-单）　　（男人-阳-单）（疲劳的-阳-单）

"疲劳的女人"　　　　　　　　　　"疲劳的男人"

donne　　　　　stanche　　　　　　uomini　　　　stanchi

（女人-阴-复）（疲劳的-阴-复）　　（男人-阳-复）（疲劳的-阳-复）

"疲劳的女人们"　　　　　　　　　"疲劳的男人们"

maestra　　　　noiosa　　　　　　fiore　　　　　profumato

（女教师-阴-单）（乏味的-阴单）　　（花-阳-单）（芬芳的-阳-单）

"乏味的女教师"　　　　　　　　　"芬芳的花"

maestre　　　　noiose　　　　　fiori　　　profumati
（女教师-阴-复）（乏味的-阴-复）　（花-阳-复）（芬芳的-阳-复）
"乏味的女教师们"　　　　　　　　"芬芳的花"

在意大利语里,以上阴性与阳性对应、单数与复数的对应中所出现的末位音改变现象是非常普遍的。大体可以归纳出三种现象:

其一,在单数与复数的对立中,末位音为-o 的形容词与单数阳性名词结合,而将末位音-o 改为-i,便可以与复数阳性名词结合。例如:

italiano(意大利的-阳-单)→ italiani(意大利的-阳-复)
profumato(芬芳的-阳-单)→ profumati(芬芳的-阳-复)

其二,在单数与复数的对立中,末位音为-a 的形容词与单数阴性名词结合,而将末位音-a 改为-e,便可以与复数阴性名词结合。例如:

italiana(意大利的-阴-单)→ italiane(意大利的-阴-复)
noiosa(乏味的-阴-单)→ noiose(乏味的-阴-复)

其三,在单数与复数的对立中,末位音为-e 的形容词与单数阳性或阴性名词结合,而将末位音-e 改为-i,便可以与复数阳性或阴性名词结合。例如:

francese(法国的-阳/阴-单)→ francesi(法国的-阳/阴-复)
prepotènte(专横的-阳/阴-单)→ prepotènti(专横的-阳/阴-复)

意大利语的形容词与名词的结构紧密而不可分离,也因此成为语句中性范畴体系的核心表现。

西班牙语

西班牙语的形容词与名词保持性范畴的基本一致,有些形容词随着性别范畴的改变而发生末位语音的变化,而有些形容词则始终不发生任何末位语音的改变,例如:agricola(农业的),coqueta(卖弄风情的)。

末位语音发生改变大体有两种现象:

其一,末位音原本为元音,阳性不变,而阴性则改末位元音为-a。例如:

grandote(大的-阳)→ grandota(大的-阴)

pequeño(小的-阳)→ pequeña(小的-阴)

árido(干旱的-阳)→ árida(干旱的-阴)

asiático(亚洲的-阳)→ asiática(亚洲的-阴)

其二,末位音原本为辅音,阳性不变,而阴性则直接在末位辅音之后添加-a。例如:

holgazán(懒惰的-阳)→ holgazána(懒惰的-阴)

burlón(嘲弄的-阳)→ burlona(嘲弄的-阴)

atroz(残忍的-阳)→ atroza(残忍的-阴)

azul(蓝的-阳)→ azula(蓝的-阴)

无论是否因为名词的性别属类发生改变,所有的形容词都具有单数和复数的区分。从以下例证中可以更为清晰地观察到西班牙语形容词的结构形态。

casa　　　　blanca　　　　　pueblo　　　　indígena
(房子-阴-单)(白色的-阴-单)　(居民-阳-单)(土著的-阳-单)
"白色的房子"　　　　　　　"土著居民"

casas　　　　　blancas
（房子-阴-复）（白色的-阴-复）
"白色的房子"

pueblos　　　　indígenas
（居民-阳-复）（土著的-阳-复）
"土著居民"

buena　　　　　mujer
（善良的-阴-单）（女人-阴-单）
"善良的女人"

buen　　　　　hombre
（善良的-阳-单）（男人-阳-单）
"善良的男人"

pequeña　　　plaza
（小的-阴-单）（广场-阴-单）
"小广场"

pequeño　　　prado
（小的-阳-单）（牧场-阳-单）
"小牧场"

nariz　　　　chata
（鼻子-阴-单）（平的-阴-单）
"塌鼻子"

motres　　　dificientes
（引擎-阳-复）（有缺点的-阳-复）
"有问题的引擎"

　　西班牙语的形容词有一个特性：如果形容词后置，当它同时修饰两个或者更多的名词时，只要有一个阳性名词存在，它所采用的形式一定是阳性且是复数。如果形容词前置，那么，它的性范畴和数范畴形式跟随它之后的第一个名词保持一致。西班牙语的形容词是性范畴的强势标示。

　　总体的观察，以上所有的例证都无一例外地表现了形容词与名词之间在性范畴和数范畴方面的高度一致，同时，也存在形容词末位语音不随着名词性别属类而发生改变的现象。可以说，在有限的范围内，形容词末位音的改变不是形容词与名词性范畴结构中所必须的。

第三节 语句的性别结构形态

　　语句中的性别属类、数范畴、格范畴彼此关联,并保持一定的一致性规则。语句中词与词之间的一致性,这本身是不是一个目的呢,抑或只是一种结果? 是为了完成对语句中的核心名词进行限定性的描写和陈述吗? 带着这些问题,我们进入对诸多语言的语句观察。

拉丁语

　　拉丁语之中没有定冠词。拉丁语名词有三个语法范畴:性、数、格。性分为阳性、阴性和中性。数分为单数和复数。格分为主格、属格、与格、宾格、夺格、工具格、位置格、呼格。指示词、形容词、分词、数词、代词都跟随名词性、数、格的变化而发生语音符号的相应改变。

　　拉丁语除动词以外,核心语词都带有性别功能标记,允许相对自由的语词顺序,但通常的语词顺序为:

> **主语 + 主语限定词 + (间接宾语 + 直接宾语)宾语 + 宾语限定词 + 动词限定词/副词 + 动词**

(57) Illum　　　　librum　　　　　　　optō. （信德麟,第70页）
　　　（那-阳-单）（书-阳-单-宾格）（希望-第一人称单数）
　　　"我想要那本书。"

(58) Patria　　　　　est　　　　　magna.
　　　（祖国-阴-单）（是-动-单）（大的-形-阴-单）
　　　"祖国很大。"

(59) Trēs　　　　puerī　　　　　rosās　　　　　dedērunt　　　duābus

（三-阳-主）（男孩-阳-主-复）（玫瑰-阴-宾）（给-完成时）（两个-阴-与）

puellīs.（信德麟,第64页）

（女孩-阴-与-复）

"三个男孩子送给两个女孩子玫瑰花。"

(60) Puerī　　　　　　haec　　　　　urna　　　　　plēna

（男孩-阳-主-复）（这-阴-单-宾）（罐子-阴-单-宾）（充满的-阴-单-宾）

aquae　　　　　nōn amant.

（水-阴-补）（不）（喜欢-复）

"男孩子们不喜欢这只装满水的罐子。"

(61) Magistra　　　　　　discipŭlīs　　　　parcit.

（女老师-阴-单-主）（学生-阳-复-与）（爱护-单）

"女老师爱护学生。"

(62) Hic　　　　amor　　　　fēminae　　　　bellŏ　　　　vincit.

（这-阳-单-主）（爱-阳-单-主）（女人-阳-单-属）（战争-阳-单-宾）（征服-单）

"女人的这份爱征服了战争。"

(63) Puellae　　　　　sunt　　　　　bonae.

（女孩子-阴-复）（是-第三人称-复）（好的-阴-复）

"女孩子们都很好。"

　　拉丁语语句中的动词至少标示五个方面的内容:数范畴（即单数、复数）、人称（即第一、二、三人称）、式（即陈述式、虚拟式、命令式）、语态（即主动态、被动态）、时态（即现在时、未完成时、将来时、完成时、过去完成时、将来完成时）。但是,动词在标示性范畴方面表现出失语的状态。

不妨再从疑问代词来进一步观察性别属类变化。

疑问代词 quī 是一个多变的词,一方面,它可以用作代形容词,阳性单数主格形式为 quī。它具有单数和复数形式的区分,也具有主格、属格、与格、宾格、离格等形式的区分。另一方面,它又可以用作代名词,阳性单数形式为 quĭs,它也具有主格、属格、与格、宾格、离格等形式的区分,但是,它只有阳性和中性两种形式,阳性指称"人",中性则指称"物"。从下面的例证中,我们可以观察到疑问代词的基本性表征能力:

(64) Quae　　　　puella　　　　litterās　　　　legit?

（哪一个-阴-单-主）（女孩-阴-单-主）（文学-阴-复-宾）（读-第三人称-单-现在时）

"哪一个女孩在读文学?"

(65) Quem　　　　lēgem　　　　puerōs　　　　docuit?

（哪一个-阳-单-宾）（法律-阳-单-宾）（男孩-阳-复-宾）（教-阳-第三人称-单-现在时）

"他在教男孩们哪一条法律?"

(66) Cuī　　　　pōmum　　　　ille　　　　puer

（谁-阳-单-与）（苹果-中-单-宾）（那-阳-单-宾-主）（男孩-阳-单-主）

dedit?

（给-单-过去时）

"男孩把苹果给了谁?"

(67) Quid　　　　invĭdēs?

（什么-中-单-宾）（嫉妒-第二人称-单数-现在时）

"你嫉妒什么?"

疑问代词的性别指称如此强势,那么,疑问代名词的阴性指称功能是如何脱落的呢?

法语

法语的名词也有性、数、格三个语法范畴。两个性别范畴:阴性和阳性,两个数范畴:单数和复数;两个格范畴:主格和宾格。

法语并不是每一个语词都带有性功能标记,以名词为核心,代词、形容词、分词以及动词短语等与名词保持形式上的性别属类一致。基本上不允许自由的语词顺序,通常的语词顺序为:

(主语限定词)+主语+(主语限定词)+(副词)+动词 +(副词)+(宾语限定词)+ 宾语+(宾语限定词)

(68) La   chaumière est   petite   mais   charmante.
    (冠-阴-单)(小屋-阴)(是-单)(小的-阴)(却-副词)(迷人的-阴)
    "这间小屋不大却很迷人。"

(69) Le   professeur américain   portrait   un   chapeau
    (冠-阳-单)(教授-阳)(美国的-阳)(戴-未完成过去时)(一-阳)(帽子-阳)
    marron.
    (棕色的-阳)
    "美国教授戴着一顶棕色的帽子。"

(70) La   neige   ou le   verglas   rendent   cette
    (冠-阴-单)(雪-阴) (或)(冠-阳-单)(冰-阳) (使得-复)(这-阴-单)
    route   très   dangereuse.
    (路-阴-单)(非常)(危险-阴-单)

"冰雪使得这条路非常危险。"

(71) La　　　petite　　fille　　　est　　　partie　　　ce　　　　matin.
　　（冠-阴-单）（小的-阴）（女孩-阴-单）（助动-单）（离开-单-阴）（这-单-阳）（早晨-单-阳）
　　"这个小女孩今天早晨离开的。"

(72) Je　　vois　　un　　　　　petit　　　　pain　　　tendre.
　　（我）（看见）（一个-阳-单）（小的-阳-单）（面包-阳-单）（嫩的-阳-单）
　　"我看见一只新鲜柔软的小面包。"

彰显性别属类的一个重要的词是疑问或感叹形容词 quel，它有阴性与阳性的区分，也有单数和复数的区分。

	阴性	阳性
单数	quel	quelle
复数	quels	quelles

在感叹语句和疑问语句中，它具有显在的性别指示功能。

(73) Quel　　　　　froid !
　　（多么-阳-单）（寒冷-阳-单）
　　"好冷啊!"

(74) Quelle　　　bonne　　　surprise !
　　（多么-阴-单）（好的-阴-单）（意外-阴-单）
　　"多么巧啊!"

（75）Quel　　　　âge　　　　a　　　　　　votre　fille?

（什么-阳-单）（年龄-阳-单）（有-第三人称-单）（您的）（女儿-阴-单）

"您女儿几岁了?"

就性范畴的标示能力来看,法语动词处于相对的弱势。

西班牙语

西班牙语的名词具有性范畴和数范畴。有两个性别范畴:阴性和阳性;有两个数范畴:单数和复数。

西班牙语并不是每一个语词都带有性功能标记,以名词为核心,代词、形容词等与名词保持形式上的性别属类一致。基本上允许自由的语词顺序。语词的顺序并不是从根本上决定语句意义的关键所在。谓语部分往往表现出语句主语的性范畴和数范畴,因此时常出现主语的省略。例如:

（76）Regreso　　　　　　a　　Madrid.

（回-第一人称-单数）（介）（马德里）

"我回到马德里。"

（77）Amaron.

（恋爱-第三人称-复数-陈述-现在时）

"他们恋爱了。"

（78）Hablamos.

（说话-第一人称-复数-陈述-现在时）

"我们说话。"

（79）Ganó　　　　　　　　　　　　　　　　una　　cabra.

　　（获得-第三人称-单数-阳-陈述-过去时）（一个-阴）（山羊-阴）

　　"他获得了一只山羊。"

　　无论是陈述句、疑问句,还是祈使句或者感叹句,性范畴以名词为核心,在整个语句中扩展开来。不妨观察陈述结构。

　　陈述语句通常的语词顺序为:

（主语限定词）＋主语＋（主语限定词）＋（副词）＋动词＋（副词）＋（宾语限定词）＋宾语＋（宾语限定词）

（80）Ella　tiene　la　　　　grande　estepa.

　　（她）（拥有）（冠-阴-单）（形-阴-单）（草原-阴单）

　　"她拥有辽阔的草原。"

（81）Todos　　　　los　　　edificios　　　de　　la　　　ciudad

　　（全部-阳-复）（冠-阳-复）（建筑-阳-复）（介）（冠-阴-单）（城市-阴-单）

　　son　grises.（孟宪臣,第97页）

　　（是）（灰色的-阳-复）

　　"城里所有的建筑都是灰色的。"

（82）La　　　　　muchucha rubia　　　　está　guapa.

　　（定冠词-阴）（姑娘-阴）（金发的-阴）（是）（漂亮-阴）

　　"这位金发姑娘很漂亮。"

（83）El　　　　　gato　　blanco　　está　enfermo.

　　（定冠词-阳）（猫-阳）（白色的-阳）（是）（生病-阳）

　　"那只白猫病了。"

(84) Escribe　　　　　　　　　un　　　poema　　de　amor.

（写-第三人称单数-阳-陈述-过去时）（一-阳-单）（诗-阳-单）（介）（爱情）

"他写了一首爱情诗。"

(85) Maria　　viene　　　　　　　　　　　dormida.

（玛丽亚）（来-第三人称-单数-陈述-过去）（睡-分词-阴-单）

"玛丽亚来的时候睡着了。"

西班牙语的联系动词标示人称和数范畴,却没有性范畴的指示功能,而动词的分词形式却有性范畴的指示功能。近乎集语句全部动态信息为一身的联系动词偏偏是在性范畴方面表现出失语的现象,这是一个值得考量的问题。

在语句之中,无论是作定语还是作表语,形容词都与主体名词保持性范畴和数范畴的绝对一致。与系动词 ser,estar 和半系动词 parecer,venir,quedar 等连用时,都有性范畴的标示能力。例如:

(86) La　　　　　mesita　　　es　　redonda.

（定冠词-阴-单）（桌子-阴-单）（是）（圆的-阴-单）

"这张桌子是圆的。"

(87) Los　　　　　niños　　　　　están contentos.

（定冠词-阳-复）（男孩子-阳-复）（是）（高兴的-阳-复）

"男孩子们都很高兴。"

在这一个方面,它跟德语的形容词在语句中的表现完全不同。

德语

　　德语也具有三个结构范畴体系:性、数、格。有三个性别范畴:阴性、阳性、中性;只有两个数范畴:单数和复数;只有四个格范畴:主格、宾格、属格、与格。形容词、数词、代词等都跟随名词的性、数、格发生变化。但是,形容词的性范畴形式变化是有条件的,即在作修饰名词的定语时,它与主体名词保持性范畴的一致,而当它远离主体名词,在系动词或半系动词之后作表语之时,它是不表现性范畴的。可以做一个比较。考尔伯特对此有经典例证:①

　　作定语之时:
warm-er Tee
(热的-阳)(茶)
"热茶"

warm-e Milch
(热的-阴)(奶-阴)
"热奶"

warm-es Wasser
(热的-中)(水-中)
"热水"

　　作表语之时:
(88) Der　　　　　Tee　　　　ist　warm.
　　(定冠词-阳)(茶-阳)(是)(热的)
　　"茶是热的。"

_____

　　① Corbett. P124.

(89) Die　　　　　Milch　ist　warm.
　　　（定冠词-阴）（奶-阴）（是）（热的）
　　　"奶是热的。"

(90) Das　　　　　Wasser　ist　warm.
　　　（定冠词-中）（水-中）（是）（热的）
　　　"水是热的。"

　　德语的主要语词都带有性功能标记,从理论上来说,它允许自由而灵活的语词顺序,但是,它又具有较为严格的语词顺序:

（主语限定词）＋主语 ＋（副词）＋动词 ＋（副词）＋（宾语限定词）＋（间接宾语＋直接宾语）宾语

(91) Sie　gab　　　　ihr　　　　das　　　Kleid.
　　　（她）（给-过去时）（她-阴-单-与）（冠-中-单-宾）（衣服-中-单-宾）
　　　"她把衣服送给她了。"

(92) Sein　Vater　　　　ist　ein　　　bekannter　Schriftsteller.
　　　（他的-单）（父亲-阳-单-主）（是）（冠-阳-单）（著名的-阳-单）（作家-阳-单）
　　　"他的父亲是一位非常著名的作家。"

(93) Der　　　　Hund　hetzt　den　　　Hasen.
　　　（冠-阳-主）（狗-阳-主）（追猎）（冠-阳-宾）（兔子-阳-宾）
　　　"狗追兔子。"

（94）Diese　　　　junge　　　　Dame　　　　liebt　　die

　　　（冠-阴-单-主）（年轻的-阴-单）（女士-阴-单主）（喜欢）（冠-阴-单-宾）

　　　lila　　　　　Hose.

　　　（紫色的-阴-单）（长裤-阴-单-宾）

　　　"这位年轻的女士喜欢紫色长裤。"

　　性范畴在语句之中所获得的是部分的彰显或者有条件的彰显,这种条件是如何缘起的呢? 它是德语语言自身的缺漏,抑或是语言的经济原则呢?

梵语

　　梵语之中没有定冠词。梵语的名词则有三个语法范畴:性、数、格。有三个性别属类:阴性、阳性和中性;有三个数范畴分类:单数、双数和复数;有八个格范畴分类:主格、呼格、直接受格、属格、与格、夺格、工具格、位置格。形容词、数词、代词、分词等等都跟随名词的性、数、格发生变化。

　　梵语的核心语词都带有性别功能标记以及数、格标记,因此,允许自由的语词顺序。换句话来说,自由的语词顺序不会导致语义的混乱。例如:

（95）ācāryaḥ　　　　śiṣyaṃ　　　　paśyati ।

　　　（老师-阳-单-主）（学生-阳-单-直受）（看见-第三人称-单-阳-现在时）

　　　"老师看见学生。"

（96）ācāryaṃ　　　　śiṣyaḥ　　　　paśyati ।

　　　（老师-阳-单-直受）（学生-阳-单-主）（看见-第三人称-单-阳-现在时）

　　　"学生看见老师。"

　　通常的语词顺序为:

时间/地点副词＋主语限定词＋主语＋宾语限定词＋宾语＋动词限定词/副词＋动词

(97) saḥ　　　　　nīlena　　　　　rathena　　　　gacchati |

（他-阳-单-主）（蓝色的-阳-单-工）（战车-阳-单-工）（去-阳-单）

"他乘坐蓝色的战车去。"

(98) nayathaḥ |

（领导-双数-第二人称）

"你们两位领导。"

而实际上，梵语之中往往出现没有动词的语句。

(99) aho　　　vyabhrā　　　diśaḥ |　(Coulson, P159)

（感叹词）（晴朗的-阴-复）（天空-阴-复）

"多么晴朗的天空！"

(100) jalam　　iva　　sukham |

（水-中）（犹如）（幸福-中）

"幸福就像水一样。"

(101) anutsekaḥ　khalu　vikrama-alaṃkāraḥ |

（谦虚-阳）（毕竟）（勇敢-阳）-（点缀-阳）

"谦虚毕竟是勇敢的点缀。"

(102) svalpaṃ　　　　　　sukhaṃ　　　　　krodhaḥ |

（非常小的-中-直受-单）（愉悦-中-直受-单）（愤怒-阳-主-单）

"愤怒是一种小小的愉悦。"

　　梵语之中还有一个较为特殊的现象：代词有"有性"与"无性"之分，"有性"代词包括第三人称代词和指示代词，"无性"代词包括第一人称和第二人称代词。结合到数范畴，第一人称和第二人称的单数形式往往被复数形式所取代，这形成一个非常有趣的现象：我们应该如何认识语句中人称代词的性范畴价值呢？而更为有趣的则是：梵语代词往往不出现在语句之中，它的全部信息都在动词之中获得表达。例如：

（103）śocati　　　　　　　　　　　mādyati　　　　　　　　　　ca |

　　　　（忧伤-第三人称-单-阳-现在时）（快乐-第三人称-单-阳-现在时）（和）

　　　　"他既忧伤又快乐。"

（104）katham　　　　　smarati |

　　　　（什么-感叹）（记得-第三人称-单-阳-现在时）

　　　　"难道他记得？"

　　梵语的性范畴形态时而欲盖弥彰，时而丰富多变，这是否是对梵语民族心灵的映现呢？

　　从语句的表达来看，性别属类符号在语句中一致呈现为阴性、阳性或中性，每一个性别符号都作为一种表达方式而参与了整个语句的表达过程，并激励语句中核心名词语义内涵的延展，最终实现表达目的。而这一切都来自个体言说者本能而自然的言说。性别属类不是简单而僵化的名词分类，也不是一时兴起的语言符号借代，它具有共性的肯定特征，渗透并滋养系统化的语言体系，凝聚语句的内涵，彰显民族的思想、气质、智慧和观念。

　　就语言本身而言，性范畴是一个功能系统，语言性范畴的一个特殊功能就是让名词之间的关系更加的明晰、自然、合法。它与语音、语义、数、格等功能系统中每一个要素都密切相联,并在语句中与各种要素维持表达形式上的一致关系。

从人类认识的角度来看,人类通过性别范畴将世界分解为两个或三个相对而存在的部分,从根本上界定世界万物的平衡与对称。阴阳性范畴体现人类认识客观事物时所形成的对立思想,它是抽象的,却是不完全抽象。它一经形成便作为人类认识世界、解释世界的基础,便成为人类行为方式、话语方式的规约。性范畴从人类对事物的具体指认发展为抽象的推展,不同民族的语言有各自完善的性范畴体系,有着各自深厚的社会、文化、政治意味。阴阳性的动态则彰显世界万物在维持平衡与对称的过程中可能发生的流变。

第四节　　性别符号在文本中的表现

当我们将一种具有显在性范畴体系的语言转译为不具有显在性范畴体系的语言,当我们将具有完全不同的显在性范畴体系的语言进行互为转译的时候,我们观察到了什么? 源语言性范畴体系所彰显的意象被彻底地覆盖或者颠覆,取而代之的是目标语言完全不同的隐匿性范畴意象或者是完全不同的显在性范畴体系意象。例如:

(105)

　西班牙语:El es obrero.

　汉　　语:他是工人。

　俄　　语:Он рабочий.

　德　　语:Er ist Arbeiter.

西班牙语中的 obrero(工人)确切地指称"男性工人",而汉语中的"工人"却可能包含了"男工人"和"女工人"。假如将这个语句翻译为"他是男工人",语句中的"男"则被视为多余的成分。在西班牙语中,它是性范畴一致的必须实现,而在汉语,它则是多余的语言现象。俄语中的 рабочий(工人)是一个共性名词,既可以指称"男性工人",也可以指称"女性工人"。所以,指称"女性工人",俄语表述为:Она рабочий.(她是工人)。德语中的 Arbeiter(工人)与 Arbeiterin(女工人)相对,但是,前者的复数形式可以指称包含男性和女性在内的工人,而后者的复数形式则没有这样的指称意义。

(106)

西班牙语：Maria está une figure triste.

汉　语：玛利亚满脸伤心的样子。

俄　语：У Марии лицо полно грустью.

德　语：Marias trauriges Gesicht.

　　　　　Marias herzzerreißender Anblick.

　　　　　Marias Gesicht voller Herzweh.

Maria(玛利亚)是女性的名字。西班牙语系动词 está(是)标示第三人称单数和现在陈述,并不表示性别范畴,除了这个语词以外,这个语句中所有的语词都是阴性属类。而在汉语,"满脸伤心的样子"不能传递任何关于性范畴的信息。俄语中的 лицо(脸)为中性名词,грустью(伤心)则是阴性名词。在"脸"与"伤心"之间不存在性别范畴一致的问题。德语中的 Gesicht(脸)为中性名词,形容词 tranriges(伤心的)也是中性形式,与名词保持性别一致;Anblick(样子)为阳性名词。德语的口头语表达则是不同的,例如:

ein Gesicht wie drei Tage Regenwetter machen

"做出满脸不高兴的样子"

(107)

　　西班牙语：El gato arañó la mano a la niña.

　　汉　　语：猫把小女孩的手给抓破了。

　　俄　　语：Кот шка царапила руку девочки.

　　德　　语：Die Katze macht die Hand des Mädichens kaputt.

　　西班牙语的 gato（猫）确切指称"雄性猫"，而汉语中的"猫"则包含了"雄性猫"和"雌性猫"。这个语句中的 mano（手）是单数、阴性名词。汉语中的"猫"没有确切的性别指称，倘若为了强调，可以在"猫"之前加入"雄性"；"手"本身则没有单复数的形态表达。然而，"*雄猫把小女孩的一只手给抓破了"，这样的汉语句子会显得非常怪异。在俄语中，"猫"的统称词为 кошка（猫），是阴性名词，而 кот（猫）是阳性名词，专门指称"雄性猫"。句中的 руку（手）为单数、阴性名词，是第四格名词。句中的 девочки（小女孩）则是第二格阴性名词。在俄语先民的心智中，"猫"与巫师（колдун）、巫婆（ведьма）的形象是联系在一起的。它所传递的意义不同于其他语言中的"猫"。德语中"猫"的统称词为 Katze（猫），是阴性名词，句中的 Hand（手）为单数、阴性名词，Mädichen（小女孩）则为中性名词。

(108)

　　西班牙语：El pájaro entró al cuarto.

　　汉　　语：鸟儿飞进了房间。

　　　　　　　狡猾的人走进了房间。

　　俄　　语：Птица летела в комнату.

　　　　　　　Хитрец вошёл в комнату.

　　德　　语：Der Vogel fliegt ins Zimmer.

　　西班牙语的这个语句是个歧义句。歧义点在于主语词 pájaro（鸟，狡猾

的人）。这个词和 cuarto（房间）都是具有阳性属类的名词,al 为前置词 a 和
阳性定冠词 el 的缩合,但在汉语中,这两个名词没有性别属类表征。西班牙
语的一个语句,相应的汉语和俄语则要用两个完全不同的语句来表达。俄
语中,птица（鸟）为单数、阴性名词,комнату（房间）也是单数、阴性名词、第
四格,但这种性别的一致纯属巧合,并不是为了性范畴本身的形式一致。德
语中的 Vogel（鸟）为阳性名词,Zimmer（房间）则是中性名词。

　　不同的性别属类在各个民族的心智中所传递的是不同的意象和概念,
就如同对色彩的指认,每一个民族拥有一套自己对颜色系列的划分:西班牙
语中的 verde azul（绿色的＋蓝色的）在汉语中无从找到完全对应的表达,既
不是汉语中的"深绿色",也不是汉语中的"深蓝色",更不是"蓝绿色"。再
如,西班牙语中的 pardo（棕褐色）,在汉语中,究竟是"棕色"还是"褐色"呢?
汉语所指认的"棕色",西班牙语则指认为 color café（咖啡色）。参照英语的
brown（棕色）,西班牙语竟然可以有若干个名词与之相对,如 moreno（褐色,
肤色黝黑）,marrón（栗色,牛奶咖啡）,castaño（栗色）,pardo（棕褐色）,然而,
却没有一个词能够准确符合英语中的 brown 一词所传递的概念。各个民族
关于色彩的指认和交流总是模糊不清的,其实,整个语言体系在各个民族之
间的交流也常常出现信息的缺失、语义的断裂以及功能意义的错位或约束。
不妨做进一步的观察:

（109）

　　梵　　语:saḥ nagaram gacchati |

　　西班牙语:Va a la ciudad.

　　汉　　语:他进城去。

　　俄　　语:Он пошёл в город.

　　德　　语:Er geht in die Stadt.

　　梵语中的 nagara（城市）为中性,作为位置格,末位音发生改变,成为

nagaram,而西班牙语中的 ciudad(城市)则为阴性,之前有阴性定冠词 la。汉语中的"城"则没有任何性别标记。俄语中的 город(城市)是阳性名词。这里还出现一个不等值的要点:梵语的 gacchati(第三人称单数)和西班牙语的 va(第三人称单数)都表达"去"的概念,而俄语中的动词 пошёл 则强调是"步行去",倘若是乘坐交通工具进城,此句则应该是 Он поехал в город. 动词 поехал 强调的是"乘坐交通工具去"。德语中的 Stadt(城市)为阴性名词。句中的 geht(去)为第三人称单数现在时。

如果忽略性范畴体系之间的差异,那么,我们的理解或者阅读注定是永无抵达的——无法抵达源语言的文本语境。而似乎令人感到无奈的是,我们并没有其他的选择,我们必须无意或有意地表现出对性范畴体系的无视,甚至借助语法研究,将性范畴体系看作是多余的成分,只是结构表达,不是语义表达。然而,倘若我们能够耐心地阅读如下不同语种的文本,并进行细致的比较,那么,我们一定能够捕捉到各种语言性范畴体系所呈现的独有语境及其对语义的深刻影响。

我们需要对文本中的性别范畴系统进行观察和指认,需要思考:性别符号究竟赋予语言表达怎样的特质?是否能够引导我们的阅读和理解,把我们的认识框定在特定的民族意识形态和精神理念之内?

文本一:选自居里夫人书信①

New York, mardi 5 novembre 1929

Chère Irène,

Voici ma dernière lettre et peut-être n'arrivera-t-elle pas avant moi. Mes dernières journées ici, depuis le dîner du cancer du 31 octobre, sont occupées par une foule de petites besognes, lettres, prise de notes, photographies, visites,

---

① *Marie Irne Curie Correspondendance*, *1905—1934*. 1974. P315.

déjeuners et dîners en petits groupes. En plus, j'ai hier une journée de labora-
toires et en ai visité trois.

Le matin, celui du Pr Pegram, à Columbia, où travaille Davies qui étudie la
capture des électrons par les rayons α. Un jeuner assistant qui compte les scintil-
lations est en réalité la personne sur qui repose la sûreté des observations. Le
travail paraît sérieux et m'a beaucoup intéressée. En dehors de cela, ils étudient
la vie des atomes excités et la spectrographie fine des rayons X. Le laboratoire est
vaste, beaucoup d'ordre et de moyens; il m'a fait très bonne impression. J'ai
la promesse de recevoir un gentil appareil de démonstration pour les tradjectoires
de brouillard de Wilson. Ce sera utile pour le cours, en faisant défiler les audi-
teurs après le cours, comme nous avons l'habitude de la faire. J'ai vu après, le
laboratoire du Dr Wood où l'on fait des courbes semblables à celles d'Holweck
et Lacassagne en irradiant les œufs de mouche par les rayons X. Au Memorial,
J'ai vu quelques appareils très ingénieux du Dr Failla pour la fabrication de tubes
à radon en or et la mesure aussi de nombreux dispositifs de protection. J'ai eu
ma provision d'ampoules de verre à radon que j'emporte avec moi, ainsi qu'un
galvanomètre Leed Northrup et un pont Wheatstone. Je ne sais si le radio-thorium
arrivera à temps pour partir avec moi.

Je n'ai pas oublié le laboratioire, tu le vois,—ni mes enfants du Labora-
tioire, Rosenblum aura probablement une subvention d'ici—, ni mes enfants
plus particuliers que je reverrai bientôt avec joie. L'Ile de France doit, en prin-
cipe, arriver au Havre jeudi tôt dans l'après-midi, et si tout va bien, je dînerai
au quai de Béthune ce même jeudi 14 novembre. Eve viendra peut-être au Havre
à ma rencontre.

Je vous embrasse tous.

Mé

文本二:选自左拉的《小说全集》①

Le Moulin du père Merlier, par cette belle soirée d'été, était en grande fête. Dans la cour, on avait mis trois tables, placées bout à bout, et qui attendaient les convives. Tout le pays savait qu'on devait fiancer, ce jour-là, la fille Merlier, Françoise, avec Dominique, un garçon qu'on accusait de fainéantise, mais que les femmes, à trois lieues à la ronde, regardainent avec des yeux luisants, tant il avait bon air.

Ce moulin du père Merlier était une vraie gaiet. Il se trouvait juste au milieu de Rocreuse, à l'endroit o la grand-route fait un coude. Le village n'a qu'une rue, deux files de masures, une file à chaque bord de la route; mais là, au coude, des prés s'élargissent, de grands arbres, qui suivent le cours de la Morelle, couvrent le fond de la villée d'ombrages magnifiques. Il n'y a pas, dans toute la Lorraine, un coin de nature plus adorable. À droite et àgauche, des bois épais, des futaies séculaires montent des pentes douces, emplissent l'horizon d'une mer de verdure; tandis que, vers le midi, la plaine s'tend, d'une fertilité merveilleuse, droulant à l'infini des pièces de terre coupes de haies vives. Mais ce qui fait surtout le charme de Rocreuse, c'est la fraîcheur de ce trou de verdure, aux journées les plus chaudes de juillet et d'août. La Morelle descend des bois de Gagny, et il semble qu'elle premme le froid des feuillages sous lesquels elle coule pendant des lieues; elle apporte les bruits murmurants, l'ombre glace et recueillie des forts. Et elle n'est point la seule fraîcheur: toutes sortes d'eaux courantes chantent sous les bois; à chaque pas, des sources jaillissent; on sent, lorsqu'on suit les étroits sentiers, comme des laces souterrains qui percent sous la mousse et profitent des moindres fentes, au pied des arbres, entre les roches, pour s'épancher en fontaines cristallines. Les voix chuchotantes de ces ruisseaux

---

① Emile Zola. *Œuvers Complètes*. Tome 9. Paris: Nouveau Monde Éditions. 2004. P283.

s'élèvent si nombreuses et si hautes, qu'elles couvrent le chant des bouvreuils. On se croirait dans quelque parce enchant, avec des cascades tombant de toutes parts.

（L'Attaque du Monulin）

文本三：选自伦奇关于海德格尔《存在与时间》的论述①

Daß die Zeitlichkeit endlich ist, kann mit Blick auf die existenzielle wie geschichtliche Lebenswirklichkeit problemlos nachvollzogen werden. Im Fortgang der Textpassage erfolgt jedoch die sprachliche Schöpfung einer quasi-subjekthaft konzipierten eigentlichen, endlichen „Zeitlichkeit selbst". Es ergibt sich ein systematisches Problem: Die Verzeitlichung der existenzialen Analytik hatte kritisch zur Destruktion der Vorhandenheitsontologie des Subjekt-Objekt-Cualismus geführt. Die präsentisch an gegenwärtig innerweltlich Seiendes verfallene Metaphysik des erkennenden, denkenden „Ich" bzw. des „Bewußtseins" in der Tradition von Descartes bis zu Kant und noch Husserl konnte so als phänomenologisch und hermeneutisch unangemessen für die tatsächlichen pragmatischen und existenzialen Konstitutionsbedingungen des menschlichen In-der-Welt-Seins erwiesen werden. In den uns vorliegenden, genuin zeitanalytischen Passagen scheint es aber oft so, als kehre die destruierte Substanzontologie in der Gestalt einer Substantialisierung der Zeitlichkeit durch die Hintertür wieder. Denn wird nicht über die Zeitigung der Zeitlichkeit wie über ein handelndes Quasi-Subjekt gesprochen? Es gilt jedenfalls, den logischen und methodischen Status der Rede von der „ursprüngliche [n], eigentliche [n] Zeitlichkeit selbst" als dem „Ursprung des „Entspringens' der Gegenwart" (348) begriffskritisch im Auge zu

---

① Thomas Rentsch. Hrsg. *Seine und Zeit*. Berlin: Akademie Verlag. 2001. P209.

behalten und zu klären. Diese Rede von der aktiv handelnd vorgestellten Zeitigung der Zeitlichkeit gerät sonst in die Nähe mythischer Rede von einem endlichen waltenden Gott, Chronos und Kairos in einem.

文本四：选自施尼茨勒的小说《遁入黑暗》[①]

Es klopfte; der Sektionsrat erwachte, und auf sein unwillkürliches《Herein》 erschien ohne weiteres der Kellner mit dem regelmäßig für acht Uhr bestellten Frühstück in der Tür. Roberts erster Gedanke war, daß er gestern abend nun doch wieder vergessen hätte, die Tür zu versperren; aber er hatte kaum Zeit, einer Verstimmung über dieses neuerliche Zeichen von Zerstreutheit nachzugeben, da seine Aufmerksamkeit sofort durch die auf der Frühstückstasse neben Tee, Butter und Honig bereitliegenden Briefschaften in Ansprunch genommen wurde. Unter anderen, gleichgültigeren fand er ein Schreiben seines Bruders vor, in dem dieser seiner Fruede über das nahe bevorstehende Wiedersehen Ausdruck gab und nach Mitteilung unwesentlicher Familienneuigkeiten mit einer nicht unabsichtlichen Beiläufigkeit seiner kürzlich erfolgten Ernennung zum außerordentlichen Professor Erwähnung tat. Robert setzte eine herzliche Glückwunschdepesche auf und ließ sie ohne Verzug zum Amt befördern. Wenn auch Berufspflichten und andere Lebensumstände den persönlichen Verkchr zwischen den Brüdern oft für Tage und Wochen zu unterbrechen pflegten, es kam doch immer wieder ein Ereignis, das-oft gerade in seiner Geringfügigkeit-sie beide ihre Zusammengehörigkeit als unzweifelhaft und unauflöslich empfinden ließ. Dem jüngeren Bruder zumal wollten bei solchen Gelegenheiten alle anderen abgelaufenen und noch bestehenden Beziehungen seines Lebens, sogar seine frühe Eh emiter einer trefflichen, nun längst verstorbenen Frau, als solche von

---

①　Arthur Schnitzler. *Flucht in die Finsternis.* 1931. PP1—2.

geringerem Rang erscheinen, und immer mehr glaubte er das Verhältnis von Bruder zu Bruder nicht nur für sich als den besten und reinsten Gewinn seines Daseins, sondern auch im allgemeineren Sinne als das einzige von natürlich gesicherter Beständigkeit zu erkennen; sicherer als das zu den Eltern, die man allzu früh in Alter und Tod entschwinder sieht, fester als das zu den Kindern, die man, wie Robert freilich für seine Person niemals erfahren hatte, wenn nicht an andere Menschen, so doch an ihre eigene Jugend zu verlieren bestimmt ist; vor allem aber blieb es jederzeit frei von jenen Trübungen, die, unerwartet aus dunklen Seelengründen aufsteigend, über die Beziehungen zwischen Mann und Weib wolkenhaft heraufzuziehen pflegen.

文本五:选自吠陀梵语《圣歌》①

Vắtasya nú mahimắnaṃ ráthasya |
Rujánn eti stanáyann asya ghóṣaḥ |
divispŕg yāti aruṇắni kṛṇvánn |
utó eti pṛthivyắ reṇúm ásyan | |

sáṃ prérate ánu Vắtasya viṣṭhắ |
áinaṃ gachanti sámanaṃ ná yóṣāḥ |
tắbhiḥ sayúk sarátham devắ īyate |
asyắ víśvasya bhúvanasya rắjā | |

antárikṣe pathíbhir īyamāno |
ná ní viśate katamác canắhaḥ |

---

① Ṛg-Veda. X168.

apā́ṃ sákhā prathamajā́ ṛtā́vā |

kua svij jātáḥ kúta ā́ babhūva | |

ātmā́ devā́nāṃ bhúvanasya gárbho |

yathāvaśáṃ carati devá eṣáḥ |

ghóṣā íd asya śṛṇvire ná rūpáṃ |

tásmai Vā́tasya havíṣā vidhema | |

　　无论是居里夫人的书信还是左拉的小说,无论是伦奇编写的关于海德格尔哲学著作的论述、施尼茨勒的小说,还是吠陀梵语的圣歌,其中的性范畴体系是一个不可忽略的语言结构部分,也是浓墨重彩的语义结构。一方面,它本能地彰显民族心灵,彰显民族感知世界、认识世界的路径。另一方面,它传递作者在民族心灵统摄之下的个人情感、思想和逻辑。将性范畴体系的研究框定在语法结构的层面,那是一种狭隘,一种肤浅。对于任何一个民族而言,那也是一种无以复加的悲哀。

　　问题是,语言之间如此不同的性范畴体系为什么没有导致交流的彻底失败呢? 或者说,所有的信息缺失、语义断裂以及功能意义错位或者约束都是人类心智在彼此之间交流过程中所能承受的。例如,全世界数百种语言都在传递基督精神,而不同的性范畴体系似乎能够在某种更高的层面上达到通融的境界。不妨观察如下几种语言的性范畴表现以及文本传达的结果意义:①

法语(古):

Car Dieu a tellement aimé le monde, qu'il a donné son Fils unique, afin

---

① 参阅:Stanley Rundle. *Language as a Social and Political Factor in Europe.* London: Faber and Faber. 1946. PP195—205.

que quiconque croit en lui ne périsse point，mais qu'il ait la vie éternelle.

德语(古):

Also hat Gott die Welt geliebet，dass er seinen eingebornen Sohn gab，auf dass alle，die an ihn glauben，nicht verloren werden，sondern das ewige Leben haben.

意大利语(古):

Poichè Iddio ha tanto amato il mondo，che ha dato il suo unigenito Figliuolo，affinchè chiunque crede in lui non perisca，ma abbia vita eternal.

俄语:

Ибо так возлюбил Бога мира，что отдал Сына своего единородного，дабы всякий，верующий в него，не погиб，но имел жизнь вечную.

希腊语(古):

Διότι τόσον ἠγάπησενὁΘεὸς τὸν κόσμον，ὥστε εδωκε τὸν Υιὸ αυτου τὸν μονογενη，διὰ νὰ μὴ ἀπολεσθη πας ὁ πιστεύων εις αὐτόν，ἀλλὰ νὰ εχη ξωὴν αἰώνιον.

其实,从理论上来分析,单就语言性范畴不同的体系以及不同的存在状态,人类之间的交流就已经是极度困难的了。

那么,又是什么能够让民族之间的语言交流达到一种和谐、通融的境界的呢?

第五章　性范畴的文化解释

第一节　语义与性范畴

假如性范畴形式只是语言结构的表面现象而没有在语义结构中起到任何作用,它便没有任何存在的价值或意义,它不可能为形式而形式。它之所以存在,因为它参与语言整个体系的构建,实现语言自我完善的组织形象。它不是语言的核心部分,却实实在在地存在于语言的组织结构之中。在先民获得对世间万物的概念之时,性范畴便伴随着概念进入了先民的心智。人们希望能够从根本处理解性范畴形式,理解总是建立在分析的基础之上,然而,人们越是想深入地剖析它的存在方式和存在价值,它却越是显得模糊而缺乏一定程度的分类标准规则,这给人们的理解带来不少的困难。

可是,我们为什么要认定性范畴形式必须是有划分标准的呢? 我们会不会缺乏对性范畴形式自然的理解呢? 换句话来说,是不是可以尝试去逻辑的分析呢?

我们现在所拥有的逻辑具有一定的推理框架,是教育和培训的结果。以我们现在的逻辑去推证先民对世间万物的认识思路,必定存在不得体、不适宜的方面。

不妨就性别范畴系统本身的运作状态进行观察:

首先,先民指认了世间的万物,并用不同的声音指称各样的事物,这些事物作为概念而深入到先民的心智,成为先民语言交流过程中的一个个语义单位。这些语义单位又反过来构成了驱动思想的基本要素。换句话来说,语义是在语言交流过程中获得实现的,之前,它作为概念而存在。概念是先民对世间万物指认的结果状态。先民正是在对世间万物的最初指认过程中确立了性别属类,并由此奠定了一切概念的共同基础。这就从根本上预设了一个可能的结果:性范畴形式对于语言集团而言具有深刻的无意识特征。

性范畴和性范畴形式伴随着语义表达出来,表达的过程,并不需要言说者刻意的逻辑框架和理性推论,这是问题的关键。言说者无意识地将性别属类贴附给所有的名词以及所有关联语词,而言听者也恰恰是无意识地完成了对附有性别属类语句的自然理解。这是一种集体性的无意识。正是这种集体性的无意识造就了性范畴形式的完整统一、相对稳定和延续传承,不需要个体言说者的准确理解或深入剖析,也不需要个体言听者的丰富联想或深刻洞察。

其次,性别范畴系统中性别的对立从来都是共时并存,它们的价值正在于这种对立。性别对立不断地维护着语词系统的内在平衡,说它不断维持,是因为语词不断地遭遇时间、空间的宰制而时有流变。语词系统内部从稳定的平衡到动荡的失衡,形成大体可以追溯的运动轨迹。相互对立的性别属类出现失重的现象:某一种性别属类趋于萎缩,在数量上低于相对立的性别属类。那么,性别属类对世间万物的呈现开始变得有失偏颇,于是,性别系统内部开始了自我修复、自我重建的过程,以达到对世间万物的真实映现。这个过程基于集体无意识。由此,我们得出一个可能的认识:性范畴是语词的原始内涵,而不是派生的内涵。性范畴形式便是语言结构本能的表现力,是语义的表达。

这样,我们便看到了性范畴在现实中的系统状态。

那么,性范畴是如何自然地与语义裹挟在一起的呢?要回答这个问题,我们是不是需要对语义进行深入的观察呢?剖析语义的框架结构,分解语义的构成要素,由此更为清晰地看到性范畴在语义构成中的价值。或者,系统分析自然性别与性别属类分裂的语词在各种语言中的表现。在几乎每一种具有性别属类形式的语言中,都有自然性别与语言性别分裂的现象,例如:

德语:

Mädchen（女孩,中性）　　　　　Fräulein（年轻女性,中性）

Baby（婴儿,中性）　　　　　　Kind（小孩,中性）

梵语:

griha（主妇,中性）　　　　　　kalatra（妻子,雌动物,中性）

apatya（儿子,中性）　　　　　Kanyātva（处女,中性）

pumpstva（壮年男子,中性）

我们还可以观察到另一种性别分裂现象,例如:

梵语:

sandha（去势者,阴阳人,生来不男;阳性）

pum-strī（儿子与女儿,双数,阴性）

putra-dāra（儿子与妻子,单数,中性）

putra-paśu（儿子与家畜,复数,阳性）

我们需要这样做这方面的研究吗? 我考虑,这种性别分裂现象一定有它存在的理由,是某种特定的认识方式所导致的一种结果。

带着这个问题,我们将进入性范畴的文化解释。

对各种语言性别属类的探讨和分析,对性别属类表达形式的观察和描写,可以引导我们从形式走向实质,从表面走向背后,从现象走向本体。这样的态度和信念富有主观理想,是积极乐观的。然而,我们还需要考虑到,有些语言形式是不能把我们带向语言实质的,有些语言表面是不能把我们带到语言事实背后的,有些语言现象永远也不能把我们引向语言本体。或许是因为游移,或许是因为模糊,它们完全地无从定义。"语义"本身便是一个我们需要不断解读的概念。语义流变,可是,它的流变从来就不是简单的、表面的。当我们本能地带着先入为主之见,当我们本能地带着自以为是的主观愿望,我们便注定要模糊语义现实的本真状态,让几乎所有的语义现实都进入我们框定的所谓规律之中,这是一种强迫。我是想说,在语言现象中,不是所有的事实都能够被我们观察到,不是所有的事实都可以被我们精确定义。在解读"性范畴"与"语义"之间关系的过程中,我们一方面要允许自己有所观察,有所获得;另一方面,我们也要允许语言事实作为一种开放的、无从定义的姿态而存在,可以不急于将我们自己的意念强加于其中,不过早地断言性范畴与语义无关,或者,断言性范畴与语义相联。

第二节　外来语词的性别分配

　　不同语言中的概念体系不完全对应,一些语言所具有的概念,却是另一些语言所或缺的,比方,梵语独有的概念,如:gaṇikānna(妓女给予的食物,中性)进入另一种语言的时候,很难用一个名词来表达,如此便成为一个难题。在一种语言中,一个概念是通过动词来表达的;而在另一种语言中,却是通过名词来表达的。例如:汉语中的"被制作",相对应的梵语则是一个名词racitatva(被制作,名词,中性)。而性别属类的选择更是一个不可回避的问题。例如:梵语的 mallikā(茉莉,茉莉属)为阴性名词,同时指称"具有特殊形状的陶制容器"。进入拉丁语时,则成为中性名词 jasminum(茉莉),并选择规定了自己的语义范围:指称"迎春花"以及素馨属类的植物。德语吸收了这个概念,却表述为 jasmin(茉莉花,茉莉属),而且,将其定为阳性名词。

意大利语则将其表述为 gelsomino（茉莉），西班牙语将其表述为 jazmín（茉莉），俄语жасмúн（茉莉），有趣的是，所有这些语言都不约而同地将其定为阳性名词。再如，梵语中的 nīla（暗蓝）为中性名词，indra-nīla（因陀罗神之青玉），"因陀罗神"是吠陀主神之一，"帝释天"，indra-nīla，即"帝青"，指称"蓝宝石"和"紫丁香"，为阳性名词。而后，nīla 作为"紫丁香"经由波斯语的 nilak，进入阿拉伯语，成为 lilak，西班牙语吸收了这个概念，形成 lila（紫丁香），为阴性名词。意大利语几乎同时吸收了这个概念，而形成 lilla（紫丁香），也定性为阴性名词。法语则不同，将 lilas（紫丁香）定为阳性名词。拉丁语中也有"丁香属"的概念，在拉丁语中，为 syringa（丁香），是阴性名词，指称 syringa vulgarian（普通丁香），又称"欧丁香"。德语吸收了这个概念，形成 Flieder（紫丁香），为阳性名词，又称 Breitrunder Flieder（紫丁香）。由梵语传扬的"紫丁香"又是深紫色的代名词，而由拉丁语延展出来的"紫丁香"则又是"淡紫色"的代名词。

在外族语词进入或转换的时候，至少出现两种丧失无意识的情况：

第一，语言体系中已经有外族语词的同义词或近义词，但性别属类或者相同或者不同。例如：

梵语	德语	法语	意义
gāndharva-vidyā（阴性）	Musik（阴性）	musique（阴性）	音乐
ojman（阳性）	Kraft（阴性）	force（阴性）	力量
ity-ukta（中性）	Reportage（阴性）	rapport（阳性）	报告

当"音乐"这一概念从梵语转换为德语或者法语的时候，没有性别属类的转换，而当"报告"这一概念从梵语转换为德语，它的中性范畴转而归属到阴性范畴；转换为法语，则归属到阳性范畴。

第二，外来语词作为全新的概念进入一个语言体系，需要分配它的性别属类。如从德语进入法语的语词：

德语	意义	→	法语	意义
Prozeß(阳性)	过程		procès(阳性)	过程
Kanone(阴性)	火炮		canon(阳性)	火炮

再如从法语进入德语的概念：两种语言都已经具有"世界"这一概念的名词，法语为 monde，德语为 Welt。但是，法语 monde 同时还具有"社会"的意义，德语 Welt 引进了这一意义。

我们可以观察到，这里并不存在纯粹的无意识运作或演化，需要的是理性的判断和非逻辑的强制手段。理性的判断是以各自语言性范畴体系为基准的，而完全排斥逻辑本身所必须的要素。例如，俄语中的 спортсмéн(运动员，阳性)是直接从英语中吸收 sportsman(运动员)而来的，英语中 sportsman 与 sportswoman 相对应，前者可拆解为"运动 + 男人"，即"男运动员"，后者可拆解为"运动 + 女人"，即"女运动员"。俄语并不在意英语中所含有的义素，而直接在 спортсмéн(运动员，阳性)之后加上俄语的阴性词尾-ка，由此构成 спортсмéнка(女运动员，阴性)。

当我们对不同的语言进行比较，我们最不能够回避的便是它们之间性别属类所呈现的体系化的差异和局部化的一致。

语言与语言之间的交流古已有之，概念的相互借鉴和语词的彼此入侵也是常见的现象。

当今，世界各民族之间的交流日益充分，不断有词汇的输出和输入。例如，就法语而言，它从英语中引入大量的词汇。在一千四百三十二个来自英语的名词中，百分之八十六的名词成为阳性名词。[①] 当我们无从确证性范畴的最初分配原则，可以转向外来词汇的性别分配：它们如何在一个新的语言

---

① 参阅：Surridge，1984.

中明晰自己在性范畴体系中的位置的？它们如何与其他名词保持性范畴的相互关系的？它们本身作为外来群体是否以基本一致的原则而归入不同的性别属类？

以下是我能够在《现代意汉汉意词典》①中寻找到的所有意大利语外来名词：

汉语	→	意大利语
阴性		阳性
——		mah-jong(麻将牌)

日语	→	意大利语
阴性		阳性
——		sakè（米酒）
——		judo(柔道)
——		ikèbana(花道)
——		harakiri(切腹自杀)

土耳其语	→	意大利语
阴性		阳性
——		khan（可汗）

拉丁语	→	意大利语
阴性		阳性
——		specimen(样品)

---

① 王焕宝、王军、沈萼梅、柯宝泰编,《现代意汉汉意词典》,北京:外语教学与研究出版社,2000 年版。

——　　　　plenum（全体会议）

——　　　　òptimum（最佳状态）

——　　　　habeas corpus（人身保护权）

——　　　　humus（腐殖土壤）

德语　　→　　意大利语

阴性　　　　　　阳性

——　　　　Walhall（阳）英烈祠

——　　　　Würstel（阳）小泥肠

——　　　　Weber（阳）韦伯

——　　　　Loëss（黄土）

——　　　　Kolossal（大型影片）

——　　　　Kursaal（公共场所）

——　　　　hertz（赫兹）

——　　　　Baedeker（导游手册）

法语　　　　→　　　意大利语

阴性　　　　　　　　阳性

soirée（晚会）　　　wagon-lit（阳）卧车

réclame（广告）　　wagon-restaurant（阳）餐车

mannequin（时装模特儿）　recital（独唱或独奏音乐会）

gabardine（华达呢）　papillon（蝴蝶结领带）

corbeille（花篮）　　mohair（海马毛）

chance（好运）　　　hôtel（旅馆）

boutique（妇女时装商店）　fumoir（吸烟室）

boxe（拳击）　　　　frac（燕尾服）

bergère（安乐椅）　　frappe（冰镇饮料）

avenue（林荫大道）　　　　feuilleton（文艺专栏）

——　　　　　　　　　　consommé（清炖肉汤）

——　　　　　　　　　　chèque（支票）

——　　　　　　　　　　cachemire（山羊绒）

——　　　　　　　　　　buffet（碗橱）

——　　　　　　　　　　beige（米色）

英语　→　意大利语

阴性

pipe-line（输油管道）

jeep（吉普车）

hall（前厅）

high-fidelity（高保真）

holding（持股公司）

hostess（航空小姐）

leadership（领导权）

阳性	阳性	阳性
hovercraft（气垫船）	coke（焦炭）	hot dog（红肠面包）
container（集装箱）	humour（幽默）	copyright（版权）
week-end（周末）	derrick（钻塔）	jet 喷气式飞机
design（工业设计）	refill（圆珠笔笔芯）	cardigan（羊毛开衫）
hamburger（汉堡）	dancing（舞厅）	western（西部电影）
camping（露营）	hockey（曲棍球）	cameraman（电影摄影师）
curry（咖喱粉）	twill（斜纹织物）	tweed（粗花呢）
bus（公共汽车）	twist（摇摆舞）	by-pass（旁路）
tèst（测验）	bacon（熏猪肉）	travellers' cheque（旅行支票）

budget(预算)　　speaker(播音员)　　brandy(白兰地酒)

stock(大量)　　　standard(标准)　　bridge(桥牌)

bulldozer(推土机)　sònar(声纳)　　　bazooka(反坦克火箭筒)

slow(漫步狐舞)　　baseball(棒球)　　smoking(没有燕尾的晚礼服)

show(表演)　　　basket-ball(篮球)　shaker(鸡尾酒混合器)

detective(侦探)　　shampoo(洗发剂)　badminton(羽毛球)

shorts(短裤)　　　shrapnel(子母弹)　shantung(柞蚕丝制的山东绸)

sandwich(三明治)　lie detector (测谎器)　shopping(购物,购物袋)

shock(休克)　　　jazz(爵士乐)　　　shunt(电路分流器)

leader(领袖)　　　kashmir(开士米)　juke-box(自动点唱机)

gangster(匪徒)　　picnic (野餐)　　full time(全部时间的工作)

flash(闪光)　　　fiberglass(玻璃纤维)　massmedia(传媒)

freezer(冷藏库)　　fox-trot(狐步舞)　establishment(领导阶层)

drawback(退税)　　ferry-boat(渡船)　fair play(按规则比赛)

football(足球)

　　有些名词既可以用作阳性,又可以用作阴性,例如:beat(颓废派)和
baby(婴儿)。

　　从意大利语的外来词汇列表中,我们直观地看到词汇性别分布的倾斜:
阳性名词占据的比例远远高于阴性名词。这种现象与法语中的外来语性别
比例倾向完全一致。这是一个值得探究的问题。当然,不同的语言有着不
同的处理方式。以俄语为例,外来词汇的名词性别大体有如下两种规约:动
物名词多为阳性,而非动物名词多为中性,也有不少阴性或阳性。来源语言
中的性别属类遭遇忽略。例如:法语的 chaussée(紧身长裤)为阴性名词,进
入俄语,则转为 шоссе(紧身长裤),为中性名词;法语的 paletot(外套)为阳
性名词,进入俄语,则转为 пальто(外套),为中性名词。有来自法语、希腊
语、拉丁语、德语、英语、波兰语、斯堪的纳维亚语、匈牙利语、芬兰语、荷兰

语、西班牙语、意大利语、汉语等词汇的更多的例证：

阴性	阳性	中性
акула（鲨鱼）	какаду́（鹦鹉）	метро́（地铁）
ария（抒情曲）	кенгру́（袋鼠）	пари́（赌）
опера（歌剧）	шимпанзе́（黑猩猩）	кино́（电影院）
свёкла（甜菜）	чай（茶叶）	кашне（围巾）
фанза（农舍）	табак（烟草）	ассорти（什锦小菜）
знать（贵族）	ларт（小摊子）	хобби（业余爱好）
лань（扁角鹿）	автор（作者）	

所有这些是否适应俄语本身的性范畴体系呢？是否导致俄语性别属类比例失衡呢？是否表达俄语民族的心智取向呢？

从各种语言的外来词汇的性别属类分配，大体可以观察到如下的三条基本原则：第一，指称生物的名称基本依据生物的自然属性原则。第二，与语言体系中已有的意义相近的名词保持基本的性别属类一致。第三，无天然性别区分的事物，它们的名称多半归入阳性。

外来词汇一旦进入语言体系，便融入其中，以各样的方式给这一语言体系的性别比例和发展趋势带来影响。然而，当下各个民族对于外来语词的性别分配并不能完全映现先民的认识过程，只能是一个可以参考的方面而已。

通过对不同语言种类的比较，通过对外来词汇性别属类的分析，其实，我们更多的观察到：性别属类是语言的一种表达方式，是个体言说者思想中自然接受并形成的规约模式，它与民族的直观感觉、感情联想、价值判断和理性分析是密切相关的，是民族思想摄入的外化物质表征，是被语言理性化了的概念体系。

第三节　社会构想与性范畴的构建

　　语言性范畴体系包括:性别对立、性别选择、短语或并列名词的性别归属、文本中的性别名词、性别符号等等。由于我们自身知识的有限,性范畴背后太过遥远的背景和太过丰富的语境从来就没有得到充分的解释。不过,也正因为如此,对性范畴的解释可以是充满想象而没有边界的。

　　从社会的角度来观察:语言的使用从来都是政治行为。这里所谓的"政治",即亚里士多德(Aristotle)所指认的:已经传播或者应该被传播的所有诸如权利、地位、规约、常识、智慧、语言等等社会现象。政治产生于语言并通过语言而活跃于社会活动之中。我们常常可以遇到没有性别对立的词,例如,一些名词只有阳性而没有相应的阴性形式,或者只有阴性而没有相应的阳性对立。以法语名词为例:

法语	性别	意义
médecin	阳性	医生
écrivain	阳性	作家
professeur	阳性	教授
artiste	阳性	艺术家

　　怎样的社会构想使得法语中原本阴阳对立的概念在这些词语中却偏偏不作为了呢? 有必要指出,这一现象不是简单的语言静态结果,而是政治的表现,是社会构想的产物。对于这一缺失,历经长期的政治活动之后,社会构想开始重建语言中阴性与阳性的对立,创制了与阳性名词相对应的表达方式:

une femme médecin	女性医生
une femme écrivain	女性作家
une femme professeur	女性教授
une femme artiste	女性艺术家

这些性别的表达不在于名词本身,而在于对名词附加限定性名词"女性"。一方面,它彰显人们的意识正在发生改变的过程,另一方面,它预设从前社会构想中的医生、作家、教授、艺术家都是男性。新的表达强化了这些名词与男性的根本渊源。

在远离法国的加拿大,这些名词却有着另类的表达方式,直接按照定冠词的区分以及阴性与阳性相对的名词末位音,创制阴性名词。以"教授"为例:[1]

la professeur
la professeure
la professeuse

当然,这些名词形式能够在加拿大的法语中流传多久,仍不得而知。但是,无论怎样,社会构想已经激励了这一名词发生形式上的变化。

在其他语言中,诸如此类没有性别对立的语言现象也颇为常见,如:

梵语	意义	性别
gañja-vara	会计,出纳员	阳性
karmāra	工匠,金师,铁家	阳性
jñāpayitṛ	教师	阳性
hairaṇyaka	金匠	阳性

---

[1]　参阅:Ruth King(ed.), 1991.

| lauha-kāra | 铁匠 | 阳性 |
| kumbha-kāra | 陶师,陶匠 | 阳性 |

德语	意义	性别
Buchhaltung	会计,出纳员	阴性
Handwerker	工匠	阳性
Lehrer	教师	阳性
Schmied	铁匠	阳性
Töpfer	陶师,陶匠	阳性
Maurer	瓦匠	阳性

各个民族顺应已经被指认了的阴阳规则体系,并由此形成社会规约。而语言性范畴在约定俗成的过程中早已经与集团社会构想深刻交织,这恰恰又是政治的生命所在。

语言性范畴具有它独有的社会意义和文化模式。"独有"意味着本土的日常表达和经验。这里存在着一个基本的出发点:性别意义必定是灵活而多变的,因为它与社会相关联。换句话来说,社会赋予语句中的语词特定的语境和特定的意义,因此,语词是不稳定的,是活跃的,它们与社会、文化集团的活动与发展紧密相联,它们不是任何个人的心智所能操控的。特定的性别属类体系是一个民族群体思想体系置于彼此交流语境之中的一个意象或模式。

不妨尝试借用政治学的术语"社会构想"(imaginaire)来进行解释。

"社会构想"这个术语最初是由卡斯特瑞阿迪斯(Castoriadis,1975)提出来的,后来,得到泰勒(Taylor, 2004)的进一步完善和丰富。根据卡斯特瑞阿迪斯(Castoriadis,1987:238)[①]:

---

① Cornelius Castoriadis. *The Imaginary Institution of Society*. Trans. by Kathleen Blamey. Cambridge, MA: MIT Press. 1987.

　　　[社会构想是]意义缔造者,缔造意象和数据以支撑意义。

　　假如我们把社会构想看作是由一些事物所构成的,那么,我们自然会问及它的结构。但是,"社会构想"之中的所有要素像一堆沙子一样堆积在一起。我们无法将它们一一区分开来,却还是需要了解它们大体在按照怎样的秩序彼此相邻或结合。

　　借助语言符号系统和非语言符号系统,人类通过话语不断地建立并重建社会构想。语言符号系统包括语音、句法、词汇等等,非语言符号系统则包括信仰、习俗、价值观、思维方式等等。有的时候,人类建立起来的社会构想只是对过去社会构想的重建,有的时候则是彻底的、全新的重建。前后连续的社会构想之间或是重叠,或是链接,总是处于高度积极的构建状态。在公共领域里所发生的一切话语都是对社会构想事实的建设。

　　多数语言学家完全相信:先民信奉万物有灵论,他们把周边万物都看作跟自己一样具有生命,便将灵性和特质赋予了世界万物。原本没有性别的事物像人本身一样具有了生理性别。那么,语言性范畴是从生物性别开始的,最后表现为语言结构形式。至少,是人类自身的生理性别差异带来了语言中的性别范畴。且不说先民,即便是当代的人类,依然乐于将周边的万物拟人化。

　　可是,语言性范畴似乎还要更为复杂一些,先民的社会构想并没有给语言带来一致的性别趋势:无天然性别的事物具有了性别,而人类本身却被归入了非自然性别或者中性范畴。所有这些现象,我们已经在上文中进行了描写。而这些现象得以存在的根本理据只有通过社会构想来加以指认。

　　通常可以观察到的名词性别分类大体是依据外形、性别、体量,也还可以观察到依据词形和意义而作出的划分。可是,词形和意义是如何决定词性的呢?确定性别的机械原理是什么呢?性别划分有没有高度一致的标准呢?

社会构想包含三个方面的内容:集体信仰、习俗、公共领域。社会构想基本限定语言性范畴的轮廓,确定名词的形式。它从两个层面解释语言性范畴:第一,社会构想使得语言性范畴成为可能,并使之成为语言规约和社会活动的一部分。第二,在此基础上,形成语言社会构想,产生性别的语法形式。

在几乎所有的法语语法书上都有类似这样的一番描述:[①]

以-e 结尾的国家名称为阴性,以-a 结尾的或者不以-e 结尾的国家名称是阳性。

这样以词尾作为性别符号标示本身就已经是社会构想造形的结果。例如:

法语	性别	意义
Chine	阴性	中国
Hollande	阴性	荷兰
France	阴性	法国
Canada	阳性	加拿大
Luxembourg	阳性	卢森堡

而被语法学家列为例外的同样也是社会构想造形的结果:

法语	性别	意义
le Zaïre	阳性	扎伊尔

---

① Valerie Worth-Stylianou. *French. A Handbook of Grammar*, *Current Usage and Word Power*. London: Wellington House. 1992. P25.

le Mexique	阳性	墨西哥
le Mozambique	阳性	莫桑比克
le Zimbabwe	阳性	津巴布韦

　　社会构想在按照一定的法则构建性别范畴的形式。没有任何一个名词只是简单的阴性或者阳性,它们的性别都背负着社会构想。而在性别区分的问题上,却又不存在黑白分明的界线。性别范畴与社会语境相匹配,社会构想中所或缺的必定在语言性别属类的分配上有所缺失。性别范畴的流变恰恰又是社会构想所导致的。

　　新的性范畴形式一个接着一个诞生着,变化着,逐步成为社会行为和规约。它们的流变与阴阳交替来自新的社会构想的激励,又相应地成为新的社会构想的基础成分,延展出更新的社会构想。社会构想来自于社会语境和人类对社会语境的认识。比方,由于全球经济发生变化,人类的世界观也随之发生变化,二者相互激励,互为因果,它带来可能的语言阴阳性变化,但是,更为重要的是,它带来对性别区分标准的重新判断和运用。

　　以法语为例:从前的社会构想将 célibataire 造形为一个"未婚大龄青年",是阳性名词。以后,又将它造形为一个"未婚女人",随后给这个名词添加了又一个性别,阴性。它具有两性表达:"单身男人";"单身女人"。曾经与它相对存在的 vieille fille(老姑娘)则淡出社会实践。可是,事情远不止如此,未曾停止流变的社会构想又带来了一对新的表达:mère célibataire(单亲妈妈)和 père célibataire(单亲爸爸)。

　　再有一个有趣的例证:法国大革命给整个法国带来政治和经济的巨变。社会构想处于动荡状态,以便与大革命保持动态的同步与一致。这一动荡状态不是线性的改变,也不是平面的交替,而是全方位的颠覆。它迅速地废除了法语中的一些性别范畴形式。在 17 世纪,有相当多的名词具有双性:aage, bronze, caramel, couple, epithete, estude, iris, ouvrage, pivoine, poison, rénoncule 等等。然而,正是从 17 世纪开始,越来越多的阴性名词开始走向反面,成为阳性名词。例如:navire, euesché, aage 等等。自从法国大革命,法语语言性范畴比任何时候都更为活跃,成为社会构想中最为不稳定的部分。语言性范畴不只是语法形式,它与社会活动密切相关。名词性别的改变引发社会集体想象的改变,也成为社会构想流变的显在证明。名词性别的改变并非来自语言本身,而是来自与之相互缠绕的社会活动和社会构想。

不同的时期,同一个概念获得不同的社会构想造形,这从根本上解释名词性别的变化。值得一提的是,在造形的过程中,往往经历波折和反复,性别属类确定在历时的过程中总是相对的稳定而绝对的不稳定。

各种民族语言之间对名词性别的区分从另一个方面表现社会构想的解释能力。

语言性范畴不在于个体言说者的心灵,而在于集体的心灵。它是集体协调的结果。同一个集体分享同一种社会构想和同一种语言,形成个性化的观念和信仰。语言性范畴已经成为一代又一代人借以了解自身、认识世界的基本常识。一些民族的语言在阳性与力量、政治、权力等之间建立了构想联系,在阴性与精微、弱势、生活等之间建立了构想联系。而另一些民族语言用阳性标示体格壮大的动物和事物,用阴性标示弱小的动物和事物。

在奇奴克语和布须曼语中,右手为阳性,左手为阴性。在希伯来语中,却刚好相反。德语的 Linke(左)归入阴性范畴,同时,与"居心不良"、"不可信任"等等概念相联系。法语的 gauche(左)也归入阴性范畴,却与"歪斜"、"笨拙"、"不自然"等等概念紧密相联。同样,古希腊语的 ἀριστερά(左)也归入阴性范畴,预示着"不吉利"、"不吉祥"。拉丁语的 sinistra(左)同样也归入了阴性范畴,与"错误的"、"不乐意"、"不吉利"联系在一起。意大利语的 sinistra(左)也归入阴性范畴,与"不吉利"、"恐怖"、"邪恶"等等概念相联系。汉语中的"旁门左道"似乎也是在这样一种近乎全球化的社会构想之中实现的。而各种语言之中的"右":包括梵语的 dakṣiṇa(阳性或中性),俄语的 прáвая(阴性),德语的 Rechte(阴性),法语的 droite(阴性),拉丁语的 dextra(阴性),希腊语的 δεξιά(阴性),意大利语的 dèstra(阴性),西班牙语的 derecha(阴性)则基本都具有"灵巧"、"熟练"、"敏锐"、"精力充沛"、"强壮"等等褒义的指称意义。

在大部分具有外显性范畴形式的语言中,"太阳"是阳性,"月亮"是阴性,拉丁语和希腊语却刚好相反。梵语中,candraḥ(月亮)和 sūryaḥ(太阳)则都是阳性,其他天体名称也都是阳性。在西班牙语中,阴性用来标示圆形而不是长形的东西,所以,有些很大的物体也是阴性。树是阳性,它们的果实却是阴性的。各个民族的语言性范畴通过公共领域指向不同的社会构想。当我们说一种语言具有外显性形式,它所反映的性范畴是一种概念分类,而不是语言结构本身。法语、意大利语、西班牙语具有阴、阳两相对应的性范畴,而德语、俄语、梵语则具有阴、阳、中三性相对的范畴,斯瓦里利语(Swahili)至少有六种性范畴并存。为什么有些语言只有两种性范畴对立,而有些则有三种、六种甚至更多呢? 我们可以用数字来表示不同语言性范畴的差异,但这些数字上的区别说明什么呢? 问题是:真正的差别不在于数字,而在于性别之间的相互关系。它反映社会构想之间的差别。

法语诞生于法国,延展到法国以外的区域。性范畴的确立在非法国语境中更多地依赖于当地的文化背景和前景。加拿大和非洲的一些国家塑造了他们各自的语言意识形态中的性范畴,想象并完成了对各自不同公共领域的制度化。语言性范畴的条目和翻译与法国本土之间并没有十分密切的联系。法国本土的阴、阳性在法国本土以外可以带有完全不同的意味和作用,导致不同的语言概念和语言制度。对于这些不同,法国本土法语却几乎是置若罔闻,例如,加拿大、比利时、瑞典都已经形成与阳性对应的职业阴性名词,而法国本土法语却没有,它仍然在沿用限定词来标示与阳性的对立:

法国本土以外区域	法国本土区域
écrivaine(女作家)	femme écrivain(女作家)
docteure(女医生)	femme médecin(女医生)

autrice(女作者)	femme auteur(女作者)
professeure(女教授)	femme professeur(女教授)
politique(女政客)	femme politique(女政客)
ingénieure(女工程师)	femme ingénieur(女工程师)

在稳定的阴阳性概念和对阴阳概念的实际理解之间存在值得思考的问题。性范畴诱发语言社会集体之间的差异性思想,或者说,社会构想的不同必然带来差异性思想,它反映社会集团在特定的语境中对语言性范畴的想象、构建、制定。社会构想像一幅幅相互链接的现实"意象"网络,它从背后对人类的认知和社会活动进行编辑、调整和塑形。恰恰是社会构想给人类带来了"性"的概念,使它组织、成形并自然流变。换句话来说,社会构想站在语言性范畴的背后,作为语言性范畴"表现"的"缔型者"而存在。那么,我们的研究就需要退一步,走到性范畴的背后,从社会构想来观察、追索植根于人类认识与信仰之中的性范畴——它的形成与夭折、稳定与变异、一致与分歧。社会构想具有解释的稳定性和一致性。

不妨观察如下的拉丁语文本①所具有的折射社会构想的巨大能力:

第一部分:

Temporibus antiquis pueri Romani, qui a patribus suis multum decebantur, in senatum ducebantur. Ibi orationes senatorum audiebant atque de consiliis et consuetudinibus populi Romani mula cognoscebant. Nullum aut senatorum aut puerorum consilia senatus eis enuntiare licebat qui senatores non erant.

Olim puer, nomine Papirius, a patre in senatum ductus erat. Eo tempore

① 谢大任、张廷居(编著),《拉丁语自学读本》,上海:上海外语教育出版社,1989 年版,第 351—354 页。

consilia de bello proponebantur et constituebantur. Postquam domum pervenit, mater ejus "Die mihi" quaesivit "de senatu et senatoribus. Quid ab illis hodie actum est?" Cui papirius ita responditi. "Me tacere oportet. Consilia et facta senatus pronuntiare non licet." Mater autem, cujus mentem silentium ipsum fili vchementer commovebat, iterum atque iterum quaesivit.

Tandem Papirius, "Tibi dicam," inquit. "Hoc actum est, Eritne civitati Romanae utilius unum virum duas uxores an unam uxorem duos maritos habere." Simul atque hoc audivit, mater Papiri, mente maxime commota, domo contendit et ceteris matribus omnia dixit. Omnes matres vehementer commotae sunt.

Postero die multitudo matrum in senatum venit et "Nolite, patres, permittere duas feminas unum virum habere," clamaverunt. Senatores causam verborum matrum non senserunt. Tum Papirius, qui aderat, omnia narravit. Senatores factum pueri laudaverunt et nullos pueros postea praeter Papirium in senatum venire jusserunt. Cognomen "Praetextatus" ei datum est quod puer consilia senatus fideliter servavit.

第二部分:

Tum Cepheus Perseo imperatum enuntiavit quod oraculum dederat et puellam demonstravit. Dum pater dicit, monstrum dirum procul in mari viderunt, quod ad litus magna cum celeritate veniebat. Omnes clamaverunt et auxilium oraverunt. Interim monstrum ad locum appropinquabat ubi puella misera vinculis constricta sedebat. Tum Perseus periculo Andromedae permotus ad regem et reginam properavit et "Perseus sum," inquit, "filius Regis deorum, neque illud monstrum timeo." Quod timidus non sum, monstrum interficere et filiam vestram ex periculo servare in animo habeo. Sine mora gladium eduxit, talaria induit, et in caelum volavit. Monstrum oppugnavit atque gladio iterum atque iterum vulneravit. Denique in undas monstrum se misit neque hominess hoc monstrum postea in illo loco viderunt.

Perseus, postquam ad litus descendit, ad locum venit ubi Andromeda mortem exspectabat. Vincula illius statim solvit et patri matrique puellam reddidit. Cepheus, gaudio commotus, Perseo filiam in matrimonium dedit.

从上文中,我们观察到:拉丁语的性范畴体系在每一个名词之中都有着深刻一致的体现。在第一部分,拉丁语民族对"父亲"、"男人"、"国家"所形成的社会构想完全不同于对"儿童"、"家"、"女人"所形成的构想。在这一文本中,当人们在争辩:"男人究竟是拥有一个妻子还是两个妻子对国家更有利呢?"所有的人都在按照民族心智中既定的社会构想去思维,去争辩,语言之中的性范畴体系成为他们不可回避的社会构想结果。

同样,在第二部分,我们观察到:拉丁语民族在自己的心智中已经对"女孩"、"大海"、"神灵"、"神灵之子"、"女儿"、"翅膀"、"鞋子"、"剑"、"妖怪"、"枷锁"形成固有的意象,带着这种意象,他们完成对神话的构想和对语言的实现:在正义与邪恶之间,在生存与死亡之间,在自由与控制之间,无处不体现拉丁语民族的社会构想对性范畴的指认和界定。

社会构想具有深刻的语言意义。它不是静态的,而是动态的。从它确立的那一刻起,它便不断地遭遇变化。语言是社会事件,而性范畴则是一步一步形成的:假如它缘起于社会构想,一旦有关系的存在,它便成为性范畴;假如它缘起于关系,一旦有社会构想的存在,它也便成为性范畴。关系总是存在的,而社会构想则是源源不断的信仰、观点、符号等等的复合体,通过各样的关系进入语言性范畴。无论何时,只要社会构想起到作用,性范畴就可以不失时机地加以映现。因此,它解释性范畴的流变,解释性范畴划分标准的不一致,解释各种语言各自不同的性范畴体系。当我们把社会构想介入到语言研究中来,我们便更为清晰地看到我们用语言表述的"世界观"、"信仰"、"第一感觉"等等是如何诞生并定形的,更为清晰地看到这个世界可能的复杂与简单、可能的变化与恒定,以避免把僵化的思想植入语言,以避免对性别范畴施以静态、简单、宿命的描写,以避免忽略我们最初并没有观察到的一些现象或一些隐匿的现象。社会构想可以帮助我们确立典型与非典型、核心与边缘、静态与动态、得体与不得体等等。社会构想是语言性范畴建立的基础,因此,它能够引领我们从感性走向知性,再从知性走向理性。

社会构想不在于对语句中个别语词性别的理解。对于性范畴的理解需要预设性范畴背后广大的背景——每一个语词在语句中是如何形成关联的,它们如何确立自己在性别属类中的位置,又如何与不同属类的语词发生关系。

我们至少可以从三个层面观察到语言性范畴与社会构想之间的关系:社会构想使得性范畴得以存在,性范畴指认社会构想,而性范畴又转而重塑社会构想。从指认的那一刻,性范畴便诞生了。它是一个符号,是社会构想的反射。就世界语言来看,在性范畴体系的背后并不存在普遍的规则,动机与联想各异,或是相互补充,或是相互冲突。性范畴通过各个层面和各个角度的比较、分类而逐步确立。

当我们尝试将一种具有外显性形式的语言转换为不具有外显性形式的语言,这其中的困难是巨大的——要么丢失性别信息,要么过度放大性别信息;要么发生不得体的预设,要么发生过于表面化的强调。社会构想是动态的,各个社会集团拥有各自的社会构想。当一种语言的性范畴不足以呈现另一种语言性范畴的时候,我们能够更为清晰地指认社会构想的真实存在,并体认它的意义。它从最根本上参与构建语言性范畴体系。

语言性范畴深植于社会构想,从社会构想的概念出发,完成自己的形态构建。性别化的名词似乎表达了一个核心的事实:名词成对或成群地彼此区分。它们彼此之间或者密切关联,或者彼此疏离;或者凝聚或者离散;或者横向并列或者纵向聚合。这些又都从根本上反映社会构想的特征。

第四节　性范畴的文化意义指向

"文化"已经得到从前和当下的学术界广泛地定义。太多的定义,已经让"文化"这一术语呈现出高度夸张的姿态和动作。其实,我看文化不过就是在本体上附着的修饰,而修饰则来自民族心理、智慧、习俗的表达,表达之中涵化积极与消极、正面与负面、美丽与丑陋。文化是一种相对存在,被文化了的语言则是相对被修饰了的语言。

在世界的土地上,还真是有不少种类的语言:印欧语系语言、闪含语系语言、乌拉尔语系语言、阿尔泰语系语言、高加索语系语言、巴布亚语系语言等等。每一种语系的语言都包含数十种,甚至上百种语言。以中国土地上的语言为例,有汉语、突厥语、藏语、苗瑶语、侗台语、突厥语、高山语、朝鲜语、仡佬语等等。各种语言还有不少的方言,如汉语有湘方言、粤方言、闽方言、赣方言等等;突厥语有维吾尔语、乌兹别克语、塔塔尔语、图佤语等等;瑶语有勉金方言、标交方言、藻敏方言等等。各种方言以外还有各样的土语,如苗语有黔东南部土语、麻山西部土语、惠水中部土语等等;瑶语有标曼土语、金门土语、交公敏土语等等。这些语言、方言、土语各自和一方人群、一方水土融合,又都与汉语标准语并存。听到各样的语言、方言,遇见各样的人群、民族,不由你不感受到中国文化的历史以及凝聚其中的民族心灵、时代精神和情感智慧。

作为语言符号,所有的语言符号都表现出两种取向:本体意义和文化意义。以"红"为例。在汉语中,它的本体意义是:一种颜色,像火或者血的颜色。这个意义首先来自人群的视觉生理反应,是对客体的描写。如:"红纸"、"红土"、"红霞"、"红汞"、"红枣"。而它的文化意义则包括:喜庆、利润、得宠、胜利、正义等等。这是主体在直观基础上的修饰,包含了想象、理性、审美等等要素。如:"满堂红"、"红人"、"红军"、"红利"、"红娘"、"红领巾"。然而,前者仍然可以在语境中选择文化意义取向。被文化了的汉语最容易让我联想到陶器的纹样。它由写实到写意,由具象到抽象,由多样到规约。保留了本体的形式,却包容、承载了民族共同体的表达。而这种表达完全不以逻辑、概念、推衍等等为基础,它是民族集体的自由想象和直观感受。这是民族童年心灵的表达,比方,压叠的直线是对鱼的描写,螺旋形的曲线是对鸟的描写,波浪形和垂幛形的曲线是对蛙的描写。汉语也是这样的,"红"描写兴奋,如"红红的玫瑰";"龙"描写中华民族,如"龙的传人";"宇"描写风度,如"器宇闲泰"。

在俄语中,червонный(红色的)是取自 червь(蠕虫)的一种颜色。它的本体意义是:一种颜色,像火或者像太阳的一种颜色。这个意义首先来自人群的视觉生理反应,是对客体的描写。以后,大约到了十七世纪之后才有了 красный(红色),这个词从它具有表达"红色的"意义的同时便具有了文化意义。这个词的本义为"美丽的"、"漂亮的"。它的同根词 карас 包含两种意义:一种是"美丽",另一种则是"光亮"。其实,这两种意义具有本源上的一致性,在俄语先民的心智中,没有比光明更为美丽的事物了。"美丽"与"火"、"光明"和"太阳"是相互关联的。

单就指称"色",各个民族就有不同的界定。梵语先民界定了二十种色:

1. nīlam(青) 2. pītam(黄) 3. lohitam(赤) 4. avadātam(白)
5. abhram(云) 6. dhūmaḥ(烟) 7. rajaḥ(尘) 8. mahikā(雾)
9. chāyā(影) 10. ātapaḥ(光) 11. ālokaḥ(明) 12. andhakāraḥ(暗)
13. dīrgham(长) 14. hrasvam(短) 15. vṛttam(圆) 16. parimaṇḍalam(圆满)
17. śātam(正) 18. viśātam(不正) 19. unnatam(高) 20. avanatam(下)

所有这些,在其它民族的语言中难以获得等值的对应。

语言中的性范畴也是被文化了的符号。在文化的渗透、雕饰之下,性范畴在语句之中铺展开来,在名词、代词、短语动词以及形容词等等之间相互协调,相互链接,形成一个整体的表达。语言性范畴在各个民族智慧的宰制中追求结构的对称、工整,而这样的结构意识只有在线性的群体布局中才能够施展。又因为是线性的群体布局,便有严格对称和严格对称中的偏离,便有均衡工整和均衡工整中的灵动。性范畴在语句之中、在文本之中有节奏地流动,从而引发丰富的绵延。各种具有显在性范畴的语句结构因此形成了特殊的品质:诗性和音乐性。说各种具有显在性范畴的语句结构具有了诗性和音乐性,我是想说各种具有显在性范畴的语句结构具有了张力、速度、气势和个性。

各种具有显在性范畴的语句结构所呈现的是平稳、整体的印象。这个印象则是由被文化了的性别、语音、语词、结构、语义、语境、想象、审美等等要素参与而构成的。被文化了的语言正是以文化的名义呈展了一幅幅丰满的民族精神、智慧和习俗的画面。那么,各种具有显在性范畴的语句结构注定是个性化的。或者说,语言已经作为文化本质的对象,作为文化的体征而存在,并显扬文化。支撑各个民族对语言视觉享受的是各个民族的心理感觉,这种心理感觉应该具有一种民族的遗传性,在积淀中获得收放自如的心理感觉结构,各个民族的心理感觉结构凭着与古老语言、文字的同步积淀而获得了永远的视觉能力。同时,语言也包含了各个民族对世界的知识认同和行为准则。

显而易见,各个民族对世间万物的指认有共性也有个性。一个民族对一种事物的最初指认可能是全面的,也可能是侧面的;可能是外表的,也可能是本质的;可能是具象的描写,也可能是抽象的概括。这种最初的指认具有深刻的遗传性。独到的指认和独到的认知在历史过程中建立并逐步完善独有的性范畴体系。假如人类之间的交流果真需要如历代语言学家们总结出的规则,即真实信息的质量、充分信息的数量、相关信息的功能以及结构经济的原则,那么,人类的交流就已经不可能实现了。对于一种民族而言的最高质量,对于另一个民族却可能是徒有其表而没有实际功能意义的。对于一种民族而言是没有多余成分的语句,对于另一个民族却可能是具有多余成分的。对于一种民族而言是简洁、明了、经济的表达,对于另一个民族却可能是语义不清的。对于一个民族而言是自然的表述,而对于另一个民族而言则是难以接受的。不存在等值的交流。例如:德语中,Fichtenbaum（松树）为阳性名词,Palme（棕榈）则为阴性名词。在德语的文化中,人们能够很自然地接受将男性比作前者,将女性比作后者。西班牙语和意大利语这两种语言中，pino(松树)为阳性，palma(棕榈)为阴性，这两个民族也都可以自然接受这样的比喻，然而，对于法语和俄语民族而言，这样的比喻就没有实现的基础，法语中的 pin(松树)和 palmier(棕榈)都为阳性名词，俄语中的 сосна(松树)和 пальма(棕榈)则都是阴性名词。再如，西班牙语的 tio 一词与汉语中的"舅舅"、"伯伯"、"叔叔"、"姑父"、"姨夫"等相对应；tia 一词与汉语中的"姨妈"、"姑妈"、"阿姨"、"婶婶"等相对应。而在汉语中，这每一个词之间都有深若鸿沟的区别，不可有须臾的含混或交通。同样的，西班牙语中，amor(爱,阳性)一词与汉语中的"热爱"、"情爱"、"喜爱"、"疼爱"、"关爱"、"钟爱"等相对应；hija, hijita(女儿,阴性)，hijo, hijito(儿子,阳性)这些与汉语似乎最不可能发生错位的词却在语言交流中导致语义断裂：hija 和 hijita 可以是丈夫对妻子的称谓，hijo 和 hijito 可以是妻子对丈夫的称谓。又如，希腊语中的 στέγος 为中性名词，它具有至少四种意义：1. 屋顶,顶棚；2. 房舍,家宅；3. 骨灰坛,阴宅；4. 妓院。一个中性名词如何包容了四种相去甚远的内涵？这其中的本源已经难以确认或追索。在其他语言中，我们几乎找不到与之完全等值的名词。如果再注入修辞手段，语言之间的交流就更为复杂了。例如：

法语：un livre

　　　　un beau volume

　　　　un miserable bouquin

德语：ein Buch

　　　　ein altes Buch

　　　　ein schönes Buch

汉语：一本书

　　　　一本漂亮的书

　　　　一本破旧的书

俄语：одна книга

одна красивая книга

одна старая книга

法语中的 livre(书)为阳性,德语的 Buch(书)为中性,俄语中的 книга (书)则为阴性,汉语则不表达任何性别意义。为了达到修辞的效果,法语因为修饰形容语词的改变而改变了核心名词,以表达褒义和贬义,这在其他语言中较为少见。

在各种语言中都存在这样一种现象:为了达到语言表达的情感色彩或者理想效果,改变名词早已确定的性别属类,这类词语为数不多。以法语为例:

(110) Ah la belle argent! (Zola, 童佩智,第 143 页)

"啊!可爱的钞票!"

原本,argent 是阳性名词,而在这个语句中,它却成为阴性名词。还有更多诸如此类的例证:倘若表达对 autome(秋天)的喜爱,便标示它为阴性;倘若表达对它的厌恶,便标示它为阳性。再如,称呼男性朋友应为 mon vieux,却也可以说 ma vieille 以表达亲密感情。

比喻是语言最基本、最常用的表达方式,它同时也是最能表现语言文化意义指向的手段。它以两种事物的性征、内涵、形态作为对比,一个是本体,是语句中的核心;一个是喻体,是通过比喻的手段借以用来描写或解释本体的他物。不是任何两种事物都可以作为一个语句之中的本体和喻体的。也就是说,比喻是有条件的,它涉及到两个基本的先决条件:第一,民族文化的诉求,第二,民族心理的诉求。

每一个民族都自然而然地接受了自己文化的浸染,把自己文化对世界万物的指认和理解看作是通用的知识,是正确而合理的,是充分而智慧的,是其他民族文化所难以承载的。民族的文化制约着民族的语言体系,而语言体系中的性范畴系统则在更深的层面上获得文化的框定和规约,将浓重的文化意味和文化色彩附丽于性别范畴。同时,民族心理在民族文化的宰制之下,选择了民族文化所塑造的可接受的表达,而排斥了民族文化所没有塑造的不可接受的表达;选择了民族文化衡量过了的褒与贬的价值观和价值体系,形成语言表述方式和语言表述内容的先入为主的倾向性,这其中包含对语言理性和情感的直接传承和亲身体验,民族语言又因此成为民族文化的心理表征。民族之内,每一个言说者都成为民族文化的传播者、体验者和承诺者,无时无刻不在将民族和个人的内心世界带入到现实世界之中。用一句拉丁语可以恰到好处地描述这个现象,即 ad unum omnes(万众一心)。当我们从一种语言走入另一种语言,从一种概念走入另一种概念,从一种性范畴体系走入另一种性范畴体系,我们的视线便别无选择地直接落入文化的前景和背景之中。

巴依曾经在"语言的表达机制"中指出:①

> 语言的表达事实总是具有某种程度的潜隐性,因此是综合的。事实上,我们已经声称,语言的表达力顺应情感的综合趋势,它将一种感觉或者一种表现附加给一个概念。而且言说概念之时,正是遮蔽、窒息概念之时。语言的表达力随着任意性符号的作用一并衰退。表达的横向组合(le syntagme expressif)从来就不是完全清晰的:一个词项或是浮游于另一个词项之上,或是替代另一个词项。

从根本上支撑这种语言想象存在的正是民族文化的诉求和民族心理的诉求。

有两个较为典型的例证:一个是:汉语中,"猪"是"慵懒"、"贪婪"、"愚蠢"的喻体,在德语中,Schwein(猪,中性)则是"邋遢"、"肮脏"、"粗俗"的喻

---

① 巴依,沙尔,《语言与生命》[法],裴文译,南京:南京大学出版社,2006 年版,第 122 页。

体。由此折射出汉语民族和德语民族各自所贬斥的品性。汉语民族崇尚
"勤奋"、"节俭"、"智慧",而德语民族则崇尚"洁净"、"规整"和"严谨"。汉
语民族不会选择用"牛"或者"马"作为"慵懒"、"贪婪"、"愚蠢"的喻体。德
语民族不会选择"羊"或者"狗"作为"邋遢"、"肮脏"、"粗俗"的喻体。另一
个则是:汉语中,"狐狸"是"卖弄风骚、挑逗男人的下贱女人"的喻体,因而
有"狐狸精"之说,为贬义,可是,在法语中,renard(狐狸,阳性)却是"狡猾"、
"诡计多端"、"善于暗探"的喻体,既可以用以指称男性,又可以用以指称女
性,既可以是褒义的,又可以是贬义的。试比较下面两例法语语句:

(111)

    a. Cet usurier est un vieux renard. （巴依,第 118 页）

      "这个高利贷者是个老狐狸。"

    b. C'est un renard.

      "这家伙可是个狐狸。"

在马来语中,licik seperti musang（像狐狸一样狡猾）,在英语中,fox(狐
狸)倒是"性感"的喻体,所以,有"狐媚女人"之说,为褒义。而英语中与汉
语中"狐狸精"相对的喻体则是 kitten(小猫),指称"扭捏作态、到处找男人
鬼混的女人"。用以指称"到处找女人鬼混的男人",则是 cat 或者 tomcat(雄
性猫)。在汉语中,"猫"却是"馋嘴"的喻体,没有性别的区分。所有的比喻
都受到民族文化和民族心理的制约,这其中最为根本的要素还包括民族对
事物的性别指认,比方,tomcat(雄性猫)在英语中不可能成为"女人"的喻
体,英语民族的文化与心理都根本排斥在 tomcat(雄性猫)与"女人"之间建
立任何比喻关系,在具有显在性别范畴的语言体系中,性别属类在本体与喻
体之间早已规定了常规的联系通道,不可随意逾越常规。也就是说,各种语
言所能够建立的本体与喻体之间的关系、喻词与喻点之间的关系基本上都
具有深刻的民族性别指认。例如,我们在其他语言之中很难找到与如下法

语喻体相一致的对应表达：

s'ennuyer comme une croûte de pain derrière une malle(巴依,第104页)
(无聊得就像扔在箱底的一块破面包一样)
"百无聊赖"

un cou d'abâtre(巴依,第104页)
(雪花石膏的脖子)
"光洁雪白的脖子"

　　在一种语言中可以作为本体和喻体的一对同性别、同概念名词,在另一种语言中未必能够作为本体和喻体,未必具有相同的性别属类。在一种语言中,两个同性别名词之间因为存在共同的性征而获得了共同的喻点,而在另一种语言中,相应的两个名词未必具有相同的性别属类,两者之间也未必能够获得某种共同性征的指认。例如,拉丁语中,aquila(鹰,阴性)是"大人物"的喻体,muscas(苍蝇,阴性)则是"小事情"、"讨厌的人"的喻体。所以拉丁语便有了如下的表述：

(112) Aquila non capit muscas.
　　　(鹰不捉苍蝇)
　　　"大人物不管小事情。"

　　不妨观察如下的短语,从比喻的关系中,我们可以尝试寻找性范畴的文化意义指向：

梵语：candra-mukhī devī
汉语：美貌如月的女神

　　梵语将女神的美丽比喻成月亮,也将女性比喻成月亮,这是对女人的最高褒奖。马来语有类似的表达:cantik seperti bulan(像月亮一样美丽)。汉语也有相似的意象,形容女性貌美如花似玉,这才有了"闭月羞花"这么一说。但是,在俄语中,却不见这样的比喻。倘若将女性的容貌比作月亮,那么,俄语民族看到的则是一张苍白、惨淡而冰冷的脸。在俄语先民看来,cóлнце(太阳)是美丽的,месяц(月亮)则并不美丽。漂亮无比的女人犹如美丽的太阳,依据民间传说 месяц(月亮)只是 cóлнце(太阳)的丈夫,所以,месяц(月亮)归入阳性。俄语中,месяц(月亮)在先,以后才有了外来词 луна(月亮),取代了前者,这个词为阴性。在以后的俄语民族的心智中,луна(月亮)成为 cóлнце(太阳)的妻子。虽然性别属类和词语发生了改变,但是,俄语民族对月亮的原始指认并没有改变:месяц(月亮,阳性)并不美丽。月亮的盈亏圆缺原本是自然的变化,但是,在俄语先民看来,月亮多情而善变,男人或女人的不忠行为被比作多变如月亮的阴晴圆缺。倘若要形容少女或者女人的美貌,可以有两个常见的喻体"白桦树"和"天鹅":

красивая　как　берёза
(美丽的)（像）(白桦树)

красивая　　как лебедь
(美丽的)（像）(天鹅)

　　在俄语民族的心智中,白桦树和天鹅都是少女的象征,它们纯洁、安详、明亮。

　　在希腊语中,σελήνη(月亮)虽为阴性,是"光明"的象征,却较少作为形容女性的喻体,倒是往往与疾病联系在一起,例如:σεληνιάζομαι(月光病),即"由月亮导致的癫痫病"。人们将美丽、娇媚、灿烂的容颜描述为:

χλοερ-ῶπις(美丽容颜),即"像青葱绿草一般光泽的容貌"。绿油油的青草是青春、美丽的喻体。

德语中的 Mond(月亮)为阳性名词,德语先民很难将女性的形象与月亮联系在一起,同样,尽管 Lotosblume(莲花)是阴性名词,汉民族对女性美好的心灵寄托于纯净的莲花,这种意象在德语民族的心智中却也是难以建立起来的。Schöne(美,美女;阴性)却有两种文化意义,一种是常常出现在诗歌中的表达,指称"美",是不可数的阴性名词。另一种则是带有讽刺意味的表达,是可数的阴性名词。例如,die Schönen der Nacht(夜间美女),指称"脱衣舞女"、"妓女"、"吧台女郎"、"街头女郎"。所以,在德语中,有多种方式表达女人美丽的面容,带有喻体的表达却并不多见:

(113) Sie ist auffallend huebsch.

　　"她美得出众。"

Schönes　　　Gesicht

(美女-阴)(面容-中)

"美女面容"

Schöne　　　Aussehen

(美女-阴)(容貌-中)

"美女容貌"

语言性范畴从根本上规定了民族想象力的运动方向,制约着民族语言的表达方式和理解方式。在语句之中,不同语言所传递的不同意象则更为明显。从理论上来分析,所有的语句都是在表现民族心智之中的"概念",而世界各个民族对"概念"具有共同的指认。可是,一个民族所有表达"概念"的方式无不带有深刻的文化烙印,语言表达的系统无不呈现文化认识的先后秩序和深浅程度,由此构成语言系统内部层层文化结构关系,这便注定赋予任何一种语言个性化的表达体系,或者说,任何语言都是个性化的文化表达。例如,在意大利语中,"得力助手"的喻体是 braccio destro(右臂)。希腊语中,"搅乱时局者"、"煽动者"的喻体是 τάρακτρον(汤勺,中性)。现就一些常见的共同"概念"作一番初步的考察:

关于"风筝"的概念:

汉　　语:纸鹞

俄　　语:бумажный змей

　　　　　　(纸做的蛇)

德　　语:Papierdrachen

　　　　　　(纸龙)

法　　语:cerf-volant

　　　　　　(飞翔的鹿)

西班牙语:cometa

　　　　　　(彗星)

意大利语:aquilóne

　　　　　　(如同强风/如同老鹰)

英　　语:kite

　　　　　　(鸢/老鹰)

马　来　语:layang-layang

　　　　　　(飘来摆去)

日　　语:tako

　　　　　　(来吧)

关于"岳父"和"岳母"的概念:

汉　语：丈人/公公　——　丈母/婆婆

俄　语：тесть　——　тёща

　　　　　（岳父）　　　（岳母）

德　语：Vater der Ehefrau　——　Mutter der Ehefrau

　　　　　（妻子的父亲）　　　　（妻子的母亲）

　　　　Schwiegervater　——　Schwiegermutter

　　　　　（沉默的人-父亲）　　（沉默的人-母亲）

法　语：beau-père　——　belle-mère

　　　　　（漂亮的-爸爸）　（漂亮的-妈妈）

西班牙语：suegro　——　suegra

　　　　　（岳父）　　　（岳母）

意大利语：suòcera　——　suòcero

　　　　　（岳母/泼妇）　（岳父/岳父母［复］）

英　语：father-in-law　——　mother-in-law

　　　　（法律意义上的父亲）（法律意义上的母亲）

马　来　语：imak mertua　——　bapa mertua

　　　　　（妈妈-长辈）　　　（爸爸-长辈）

日　语：giri-no haha　——　giri-no titi

　　　　　（义理上的母亲）　（义理上的父亲）

关于"法院"的概念：

汉　　语：法院

俄　　语：суд

　　　　　（法院/审判）

德　　语：ein Gericht

　　　　　（一道菜）

法　　语：cour

　　　　（院子／天井／死胡同）

西班牙语：tribunal

　　　　（演讲之地／看台）

意大利语：tribunale

　　　　（布教之地／看台）

英　　语：court

　　　　（庭院／展区）

希　腊　语：ναός της Θέμιδος

　　　　（正义女神希弥斯之殿）

马　来　语：makhamah

　　　　（法庭）

日　　语：saiban-sho

　　　　（官廷）

　　各种语言都有着相对个性化的表达。不妨进入语句做进一步的观察。最为典型的不过是希腊语、汉语、英语的一个比较：

（114）**希腊语**：αυτά μου φαινονται Κινέζικα.

　　　　　"这对我如同中文。"

　　英　语：It is Greek to me.

　　　　　"这对我如同希腊文。"

　　汉　语：这对我如同天书。

以俄语为例：

（115）У　　　　Антона орлиный　　профиль.

　　　（前置词）（安东）（鹰一般的）（侧面像-阳-单）

　　　"安东面容英俊。"

　　在俄语中，орёл（鹰，阳性）和сокол（雄鹰，阳性）都是神圣之鸟，俄语民族用它们来赞美健康、英勇、果敢、强健的男性以及他们阳刚、俊俏的面容。在西班牙语中，camión（卡车，公共汽车，阳性）才是具有阳刚之美的事物，因此，他们用como un camión（像卡车一样）来形容一个男人的帅气。

（116）Она　ходит　　　　　　как　пава.

　　　（她）（走-第三人称-单）（像）（孔雀-阴-单）

　　　"她步态优雅。"

　　俄语以пава（雌孔雀）作为女性步态从容而高雅的喻体。此外，лебедь（天鹅）既可以是阳性名词，又可以是阴性名词。阴性名词用来作为形容女性美丽的喻体，例如：идти как лебедь（女性走起路来像天鹅一般的美丽）指称"女性优美的步态"。马来语有类似的表达：

（117）Gadis itu berjalan dengan gaya yang menarik.

　　　"她步态优雅如孔雀。"

　　　Dia berjalan dengan gaya（mewah）macam burung merak.

　　　Berjalan menunjuk gaya serupa merak.

　　　"她步态高贵（华丽）如鸽子一般。"

　　希腊语中的τάώς（孔雀）则是阳性名词，是"花花公子"的喻体。德语中的Pfau（孔雀）也可以用来形容女性走路的步态，却是"趾高气昂地"。所以德语表述为：

（118）Sie　stolziert　wie　ein　　　　　Pfau　　　　einher.

　　　　（她）（高傲地）（像）（不定冠词-单）（孔雀-阳-单）（走）

　　　　"她趾高气昂。"

俄语所独有的性范畴表征在比较中显得更为明确。不妨做更多比较：

（119）

　　　法语：Elle est bavarde comme une pie.

　　　　　　"她像喜鹊一样唠叨。"

　　　德语：Sie ist geschwätzig wie eine Elster.

　　　　　　"她像喜鹊一样唠叨。"

　　　英语：She is chattering like a magpie.

　　　　　　"她像喜鹊一样唠叨。"

　　　汉语：她是个婆婆嘴。

　　　俄语：Она болтает как сорока.

　　　　　　"她像喜鹊一样唠叨。"

　　马　来　语：Dia asyik meleter-leter.

　　　　　　Dia berkata seperti burung murai.

　　　　　　Mulut serupa burung murai bercakap.

　　　　　　"嘴巴像喜鹊一样说话。"

　　　　　　"她像喜鹊一样唠叨。"

　　法语、德语、英语和俄语对"喜鹊"有着共同的意象：多嘴多舌、唠唠叨叨、喋喋不休。在马来语中，mulut murai（喜鹊的嘴巴）用来指称"啰嗦"、"唠叨"。在汉语民族的社会构想中，"喜鹊"是"吉祥鸟"，是"报喜鸟"，它给人们带来的永远是好消息。可是，俄语中，Сорока на хвост принесла（喜鹊带来的消息）却是指"未经核实的传闻"。

（120）

　　法　语：Il est maigre comme un clou.

　　　　　　"他瘦得像根钉子。"

　　德　语：Er ist nur noch Haut und Knochen.

　　　　　　"他瘦得皮包骨头。"

　　英　语：He is emanciated as a fowl.

　　　　　　"他瘦得像只鸡。"

　　汉　语：他骨瘦如柴。

　　俄　语：Он худой как жердь.

　　　　　　"他瘦得像根细长的木杆。"

　　马 来 语：Dia Badan dia kurus melidi.

　　　　　　Dia kurus seperti tulang.

　　　　　　"他瘦得像根骨头。"

　　　　　　Dia Badan dia kurus seperti lidi.

　　　　　　"他瘦得像细椰树叶的脉杆一样。"

（121）

　　法　语：Il est ivre d'orgueil.

　　　　　　"他沉醉骄傲。"

　　英　语：He is proud as a peacock.

　　　　　　"他骄傲得像只孔雀。"

　　德　语：Er stolziert wie ein Gockel über die Straße.

　　　　　　"他骄傲得像粪堆上的公鸡。"

　　汉　语：他骄傲得飘飘然。

　　俄　语：Он гордый как петух.

　　　　　　"他骄傲得像只公鸡。"

　　马 来 语：Dia berasa bangga.

　　　　　　　Dia anguh seperti ayam jantan.

　　　　　　　"他像骄傲的公鸡一样。"

　　从喻体的角度来看，语言之间不存在等值。"瘦"的喻体在法语中是"钉子"，在英语中是"鸡"，在汉语中是"柴"，在俄语中是"木杆"，在马来语中则是"椰树叶的脉杆"。"骄傲"的喻体在俄语和德语中都是"公鸡"，在英语是"孔雀"，在法语则是以"醉酒的状态"表达"骄傲"的程度。在希腊语中，"骄傲"的喻体却是精力充沛的马。它腾跃喷鼻息的姿态（φρύαγμα）或者高傲地弓着脖子的样子（τράχηλιάω）都是"骄傲"的代名词。马来语则直接表述"他非常骄傲"，以"公鸡"作为喻体的表述，可以理解，却不无异族强调。

　　汉语中的"纸包不住火。"在德语则有相应的两种表达：

（122）

　　a. Es ist im Schnee unmöglich, die Toten zu beerdigen.

　　　"雪地里埋不住死人。"

　　b. Im Sack ans Hanfleinwand kann man keinen Stecher verbergen.

　　　"麻布袋里藏不住锥子。"

　　现代的日语仍然有不少包含喻体的表达，但是，明显的趋势则是越来倾向于使用副词，而较少选择喻体。例如：

（123）Kanojo-wa kujaku no　　　you ni　　　　oo-ibari　　　da.

　　　（她-主）（孔雀）（的）　（像）（功能词）（非常骄傲）（是）

　　　（彼女-は）（孔雀）（の）　（よう）（に）　（大威張り）（だ）

　　　"她骄傲得像孔雀一样。"

Kanojo-wa　oo-ibari　　da.

（她-主格）（非常骄傲）（是）

（彼女-は）（大威張り）（だ）

"她非常骄傲。"

Kanojo-wa praido-ga　　takai.

（她-主）（骄傲-主）　　　（高）

（彼女は）（プライドが）（高い）

"她很高傲。"

（124）Watasi-ni-wa zenzen　wakari ma sen.

（这-主格）（全部）　（理解）（不）

（私には）（全然）　（分かり ません）

"我一点都不懂。"

（125）Kanojo-wa　yoku　shaberu.

（她-主格）（多）（说话）

（彼女は）（よく）（しゃべる）

"她很唠叨。"

（126）Kare-wa　　zurui.

（他-主格）（狡猾）

（彼は）　（ずるい）

"他很狡猾。"

（127）Kare-wa　　garigari　　da.

（他-主格）（瘦的）　（是）

（彼は）（がりがり）（だ）

"他很瘦。"

（128）Kanojo-wa yuga-ni　aruku.

（她-主）（优雅地）（走路）

（彼女は）（優雅に）（歩く）

"她步态优雅。"

如果我们从一个概念切入,则能观察到不同民族更多的性别语义指向错位。以"爱"为例。在希腊语中,但凡与"爱"相关联的名词基本都归入了阴性范畴,例如：

ἀγάπη	夫妻之间的爱,神人之间的爱
ἀγάπησις	爱情,爱慕
φῐλ-αλληλία	彼此相爱
φῐλανδρία	对丈夫的爱
φῐλανθρωπία	仁爱,慈爱
φῐλαργυρία	爱钱,贪财
φῐλαρχία	爱统治权,权力欲
φῐλεργία	爱工作,勤勉
φῐλεταιρία	友爱,友情,义气
φῐλομάθεια	爱知识,好学
φῐλοπραγμοσύνη	爱管闲事,忙碌
φῐλοτης	爱欲,情欲
ἀγάπησις	爱情,爱慕
φῐλεταιρία	友爱

不妨观察"爱"以及其他名词性别在不同民族语句中的表现：

（129）

西班牙语：El amor es el motor de la vida. （康特莱拉斯，第299页）

汉　　语：爱是生活的原动力。

俄　　语：Любовь—источник силы жизни.

西班牙语中的 amor（爱）是阳性名词，与之后的 motor（动力）具有一致的性别表达。这个名词所传递的意象完全不同于俄语 любовь（爱），这个名词为阴性名词。

（130）

西班牙语：Desde niño José amaba el mar. （康特莱拉斯，第25页）

汉　　语：何塞从小就爱大海。

俄　　语：Антон любит море с детства.

　　　　　"安东从小就喜欢大海。"

西班牙语中的 mar（大海）为阳性名词，俄语中的 море（大海）则为中性名词。在"何塞"和"安东"之间，似乎可以构想出一种差异性的反观镜像。

（131）

西班牙语：Los dos niños se amaban. （孙家孟，第45页）

汉　　语：两个孩子彼此友爱

俄　　语：Двое детей любят друг друга.

西班牙语中的 amar（爱）和俄语中的 любить（爱）都涵盖了"友爱"的语义指向。

（132）

　　　　西班牙语：Juan ama a María.（孟宪臣，第 173 页）

　　　　汉　　语：胡安爱玛丽。

　　　　俄　　语：Антон любит Машу.

　　　　　　　　　"安东爱玛莎。"

（133）

　　　　西班牙语：Juan puede haber estado amando.（孟宪臣，第 161 页）

　　　　汉　　语：胡安可能爱过别人。

　　　　俄　　语：Антон，наверное，любил кого-то.

　　　　　　　　　"安东可能爱过一个人。"

　　　西班牙语中的 amar(爱)和俄语中的 любить(爱)都涵盖了"情爱"的语义指向。

（134）

　　　　西班牙语：Debes hacerlo por amor a tu madre.

　　　　汉　　语：你若是爱你母亲,就必须得那么做。

　　　　俄　　语：Если ты любишь свою мать,то тебе надо так поступать.

　　　西班牙语中的 amar(爱)和俄语中的 любить(爱)都涵盖了"敬爱"的语义指向。

（135）

　　　　西班牙语：¿Cómo le declaraste a Lola tu amor?

汉　　　语：你是怎样向洛拉倾诉爱慕之情的？

俄　　　语：Как ты делал предложение Маше?

　　　　　　"你是怎样向玛莎求爱的？"

　　俄语中没有将名词 любовь（爱）作为"求爱"短语中的宾语，而是用短语 делал предложение（求爱）传递"倾诉爱慕之情"的表达。上文中，我们提到：西班牙语中 amar（爱）一词与汉语中的"热爱"、"情爱"、"喜爱"、"疼爱"、"敬爱"、"关爱"、"钟爱"等相对应。从以上例证中，我们可以看到西班牙语民族对 amor（爱）的社会构想：粗犷而博大，完全对应了他们的心智对阳性范畴的指认和界定。一个名词的性别以及这个名词的内涵都是民族心智选择的结果，这种选择不是一蹴而就的，而是在时间和空间的流变过程中不断选择确定而又不断选择不确定。从整个语言演化的历史来看，性别范畴及其内涵从来都处于流变的状态之中。

　　与 amar（爱，动词），amor（爱，名词，阳性）相近的词是 gustar（喜欢，动词），gusto（喜欢，名词，阳性），不妨再做一下对比：

（136）

　　　西班牙语：¿Usted gusta?（康特莱拉斯，第 232 页）

　　汉　　　语：喜欢吗？

　　俄　　　语：Понравилась?

　　　　　　　　Понравилось?

　　　　　　　　Понравился?

　　　　　　　　Понравились?

　　俄语的动词"喜欢"必须要随动词的宾语而改变形态，以上四种形式分别对应之后的阴性、中性、阳性及复数名词。如果需要在动词之前加上主语"你"，那么，这个主要只能是第三格，表示"被你"，直接的汉语翻译应为：

"（这东西或这人）被你喜欢吗?"

（137）

    西班牙语：Viste con muy buen gusto.（康特莱拉斯,第232页）

                "他喜欢打扮。"

    汉　语：他好打扮。

    俄　语：Он любит украшать себя.

（138）

    西班牙语：A mi madre le gustan las flores.（康特莱拉斯,第268页）

    汉　语：我妈妈喜欢花。

    俄　语：Моя мама любит цветы.

    在这两个语句中,俄语采用另一个动词 любить(爱好,喜欢)与西班牙语中 gustar(喜欢)相对应。

（139）

    西班牙语：Acabó por gustarme España.（孟宪臣,第172页）

    汉　语：我终于喜欢上西班牙语了。

    俄　语：Я наконец-то влюбился в русский язык.

              "我终于喜欢上了俄语。"

（140）

    西班牙语：No le gusta cumplir con los deberes trabajosos.（孟宪臣,第176页）

    汉　语：他不喜欢履行困难的职责。

    俄　语：Он не любит, когда исполняет трудные обязаанности.

西班牙语中的动词 gustar(喜欢)与汉语中的"喜欢"、"称心"、"爱好"、"乐于"、"愿意"等语义相对应,与俄语中的 любить(爱好,喜欢)相对应。

被文化了的语言不仅仅是民族交流的社会工具或符号体系,而且还是民族文化的意义工具和价值体系。它反过来又成为文化的灵魂,即文化的精神内核。

首先,性范畴是民族文化得以沉淀的基础结构要素。

性范畴的物质基础是音义结合的符号,它拥有一套结构规则制度。性范畴的语言单位小至一个性别冠词、一个名词的末位音,大至一个语句、一个篇章。在以文化为主体的视野里,性范畴是具有工具性的一套体系,是文化的功能组织,而文化则是它的内涵,渗透于性范畴的一切构成要素,包括音、词、义、短语、结构以及所有背后的支撑要素。性范畴文化按照自身的选择标准提供了语言系统相对的完整规约,让所有的性范畴要素按照各个民族能够理解的方式存在并按照性范畴文化自身的流变方式发生适应性的改变。性范畴文化自身所具有的独立性、流变性、开放性以及不确定性无一例外地成为具有显在性范畴体系语言的性格。性范畴文化同时决定了各种语言的结构方式,排定了各种语言的表达方式。而性范畴正是以这样的方式成为各种民族文化得以积淀的基础结构。换句话说,文化性格的存在和方式恰恰在语言中得以沉淀并由此规约了语言性格的存在和方式。这就像一个民族生存的自然地理状态对这个民族性格及生存方式的规约。性范畴的样态由此得以塑造。性范畴也因此成为民族文化研究的必经之路。

其次,性范畴是民族文化的生态历史记忆。

性范畴,无论是语言的显在还是潜在,都是民族文化中的一个自然组成部分,它却能够作为一个相对独立的存在而成为民族文化的生态历史记忆。比方,从能够获得的最早汉语言文献资料往后,汉文化几乎每一个流变过程都在汉语言的流变中保存了记忆,比方:迁徙、战争、聚合,石器、铁器、武器、君臣、礼制、儒教等等。汉语言所记忆的对自然、生命、规则的理解方式和路径,实际上正是汉文化所认可并遗留下来的阴阳法则。所以,性范畴不是简单的语言交流工具的零部件,也不是简单的文化工具零部件,而是具有深刻文化历史隐喻的社会机体要素。没有这样一个机体要素,一个民族的语言必定会失去对社会、道德、风俗及规约的生态历史记忆。不仅仅如此,性范畴在记忆文化的同时也还具有了对文化进行构建和塑造的作为,凭着性范畴所记忆的文化形成文化惯性,并以这种惯性对即将到来的文化现象进行选择性规约或塑造。性范畴又因此与语言杂糅而成为汉文化的宰制者。

最后,性范畴是民族文化的精神所在。

性范畴是从文化整体的构建中演化而来的一种独有的精神形式。性范畴是融入语言而参与所有文化构建体系中唯一能够全程、系统记录并使文化精神表现为可诞生、可丰富、可延展的立体形态。换句话来说,民族文化作为一种本质上的精神体系在由性范畴参与构建的民族语言中不断地获得自身的丰富与流变,它以一种精神的形态在民族的语言中获得了具象的存在,并长久地与民族语言一起在时间和空间的维度里延展。性范畴文化参与语言而因此获得了流动的能力。一方面,它向文化内部的纵深处流动,让尚未成为文化主体的个体逐步进入文化的全面浸染,让文化的不确定性逐渐弱化,同时让文化的确定性得以强化。另一方面,它向文化外部的广大领地流动。事实上,世界上的任何一种文化都面临着两种矛盾的挣扎状态:外族文化的异化和对外族文化的同化。正是在这个意义上,文化具有了世界的意义。“文以载道”在这样的语境中尤为贴切。

是语言性范畴使各个民族得以历史地诠释本土文化。已经被文化了的各个民族语言就不由我们不以文化的方式对它加以描写并解释,以呈现民族语言的本质。

第六章　结　　语

语言性范畴符号关涉到语音和语言结构,语言性范畴的符号是语言性范畴的表达手段,而没有性范畴符号的语言则只存在性范畴的表达过程。

语言性范畴或许来自理性的分类,或许来自感性的冲动,无论是通过直觉还是通过逻辑,我们所能观察到的一切语言事实都已经足以表达世间万物的存在以及存在方式、相互关系、精神状态。各种语言以自己的完美方式凸显性范畴形式的价值,通过语句结构全面而系统地呈现它独有的表达方式。

人们通常将性范畴看作是语法范畴,我们所尝试的观察却表明:性范畴是社会构想的结果,它背负着人类社会、文化、习俗等等元素。它是一种制度化的安排,是一种制度化的结构,是个体言说者的实践活动规约。语言性范畴是社会构想中的一个必要组成部分,它依赖与思想意识,即支撑社会构想的特定的信仰和假设体系。语言性范畴因此成为社会构想的一个标示,既是表现社会构想的媒介,又是社会构想的再现。它凸显使它成为可能的社会构想,并置身于社会构想之中。它是思想意识,而不是科学事实。

语言性范畴是一种历史现象,也就是说,它在时间的流变过程中通过话语不断地落定、再落定。它是语言中的一个部分,同时,又是话语中的一个部分,也是社会活动中的一个部分。应当说,语言性范畴是语言中富有社会内涵的领域,它在语言内部和社会之中都同样起到不可或缺的价值判断作用。语言的意识与社会的意识紧密相联,前者对后者的形成和塑造起到一定的作用,而后者在更为深层的基础上宰制前者,并规定语言性别属类的流变方向。这使得语言性范畴形成一个特殊的机制:具有或者加强或者限制话语的力量。它在语言中定形,却伸展出与社会沟通的能力。它不是被动的实体,也不是简单地用语言去贴合世间万物。在话语之中,它一经出现,便具有积极的表述行为能力,并在社会活动中产生作用。它首先是一个话语范畴的概念,它与社会,尤其是政治、社会变革有一个自然的磨合过程。正是在这个磨合的过程中,它通过文化和思想意识完成自己的社会行动。具有性范畴属类形式的名词已经完全规约为社会行为,并以自己业已定位的性别模式去适应特别的语境,由此获得重新解释的能力。所以,语言性范畴通过语言符号定位世间万物,并在这一基础之上有所作为。

　　性范畴体系的框架模式与性范畴的语言思想意识形态紧密相联,这就决定了社会集团的个体言说者必须顺应性范畴体系的框架表达以实践语言性别属类的规定性。

　　语言性范畴研究的目的不仅仅在于探讨性范畴符号的表达类型和表达方式,而且还在于研究它对整体民族思想意识的呈现及其对言说者和言听者所产生的自然规约性的心理影响。

　　思想意识是一个特别的信仰和假设的系统,它潜存于每一个语言分析和社会事件之下,并支撑着它们的工作原理。它与"事实"相对,是社会思维的产物,是理解世界的方式。语言思想意识则是指一整套的描写,语言性范畴正是通过这样的描写而被注入社会集团文化的意义。通过对语言性范畴的描写,我们不禁要问:语言性范畴是如何诞生的? 为什么不同社会集团有不同的性范畴体系? 这些不同又意味着什么呢? 是本质上的不同吗? 如何才能最为真实而得体地理解并解释性范畴呢? 我们需要了解性范畴是在怎样的社会体系和社会语境中获得确立的,认识到语言性范畴和它背后的社会构想将开启新的研究路径,建立新的理论和方法论,在语言性范畴与其他范畴之间建立更多的逻辑或非逻辑的联系。

　　人类对世界的理解归结为阴阳,由此构成反映客观世界的全息图。各个民族的阴阳性概念也构成了各自文化的基础。当我们不去追索性范畴的本源,那么,它便成为流于表面的一种语言形式,成为一种传统的结构外在。这是一种学术遗憾。

　　到目前为止,语言性范畴还没有获得充分的研究,这项研究的尝试或许会打开新的视野,为人们认识语言的本质和形式提供一定的启发,为人们探索语言研究的角度和方法论提供一些基本的思考。

参 考 书 目

汉语类：

巴依,《语言与生命》,裴文译,南京:南京大学出版社,2006 年版。

岑麒祥,《汉语外来语词典》,北京:商务印书馆,1990 年版。

陈国亭(主编),《俄语基础语法通解》,哈尔滨:哈尔滨工业大学出版社,2005 年版。

高本汉,《中国音韵学研究》,北京:商务印书馆,1995 年版。

顾廷龙,王世伟,《尔雅导读》,成都:巴蜀书社,1990 年版。

洪诚,《中国历代语言文字学文选》,南京:江苏人民出版社,1982 年版。

洪诚,《训诂学》,南京:江苏古籍出版社,1984 年版。

洪兴祖,《楚辞补注》,北京:中华书局,1983 年版。

黄景欣,《黄景欣语言研究论文集》,南京:江苏教育出版社,1995 年版。

黄侃,《尔雅音训》,北京:中华书局,2007 年版。

胡小石,《胡小石论文集》,上海:上海古籍出版社,1982 年版。

靳方才(主编),臧润玉(编写),《拉丁语》,北京:人民卫生出版社,1986 年版。

科仁娜,《俄语功能修辞学》,白春仁等译,北京:外语教学与研究出版社,1982 年版。

龙建春,《阴阳家的历史》,重庆:重庆出版社,2008 年版。

罗常培,《语言与文化》,北京:语文出版社,1989 年版。

孟宪臣,《现代西班牙语应用语法》,北京:北京语言大学出版社,2008 年版。

苗力田(主编),《古希腊哲学》,北京:中国人民大学出版社,1989 年版。

庞朴,《中国文化十一讲》,北京:中华书局,2008 年版。

啟功,《汉语现象论丛》,北京:中华书局,1997 年版。

钱大昕,《十驾斋养新录》,南京:江苏古籍出版社,2000 年版。

钱冠连,《语言:人类最后的家园》,北京:商务印书馆,2004 年版。

沈锡伦,《中国传统文化和语言》,上海:上海教育出版社,1995 年版。

申小龙,《汉语与中国文化》,上海:复旦大学,2003 年版。

申小龙,《中国句型文化》,长春:东北师范大学出版社,1988 年版。

舒化龙,《汉语发展史略》,呼和浩特:内蒙古教育出版社,1983 年版。

苏辙,《诗集传》,北京:书目文献出版社,1990 年版。

童佩智,《法语修辞》,北京:外语教学与研究出版社,1990 年版。

王超尘,诸同英,高静,赵云中,金晔(编),《现代俄语理论教程》(上册),上海:上海
　　外语教育出版社,1988 年版。

王垂基,《词文化源考》,中山大学出版社,2008 年版。

王德孝,段世骥,高静,王恩圩(编),《现代俄语理论教程》(上册),上海:上海外语
　　教育出版社,1989 年版。

王力,《汉语诗律学》,上海:上海世纪出版集团,2002 年版。

王力,《汉语史稿》,北京:中华书局,2004 年版。

王力,《中国语言学史》,上海:复旦大学出版社,2007 年版。

王希杰,《修辞学通论》,南京:南京大学出版社,1996 年版。

谢大任、张廷居(编著),《拉丁语自学读本》,上海:上海外语教育出版社,1989 年版。

信德麟,《拉丁语和希腊语》,北京:外语教学与研究出版社,2007 年版。

徐复,《徐复语言文字学丛稿》,南京:江苏古籍出版社,1990 年版。

徐復、宋文民,《说文五百四十部首正解》,南京:江苏古籍出版社,2003 年版。

翟永庚,《通用德语语法》,北京:世界图书出版公司,2006 年版。

张世禄,《古代汉语》,上海:上海教育出版社,1979 年版。

张舜徽,《说文解字导读》,成都:巴蜀书社,1990 年版。

赵克勤,《古代汉语词汇学》,北京:商务印书馆,2005 年版。

赵敏善,《俄汉语言文化对比研究》,北京:军事谊文出版社,1996 年版。

赵元任,《赵元任语言学论文集》,北京:商务印书馆,2002 年版。

中国佛教文化研究所,《俗语佛源》,上海:上海人民出版社,1993 年版。

周斌武,《汉语音韵学史略》,合肥:安徽教育出版社,1987 年版。

周大璞,《训诂学要略》,武汉:湖北人民出版社,1980 年版。

周有光,《比较文字学初探》,北京:语文出版社,1998 年版。

德语类:

Royen, G. *Die nominalen Klassifikations-Systeme in den Sprachen der Erde: Historisch-Kritische Studie, mit besonderer Berücksichtigung des Indogermanischen.* Mödling: Anthropos.

Böhtlingk, Otto. 1887. *Pāninis Grammatik.* Leipzig: Verlag von H. Haesse.

Bühler, J. G. 1896. *Indische Paläographie.* Strassburg.

Curtius, Georg. 1870. *Zur Chronologie der indogermanischen Sprachforschung.* Leipzig.

Hendriksen, H. 1941. *Untersuchungen über die Bedeutung des Hethitischen für die Laryngaltheorie.* Copenhagen.

Herder, Johann Gottfried. 1901. *Abhandlung ueber den Ursprung der Sprache.* Edited by Dr. Theodor Matthias, Leipzig. Also 1959. Edited by Claus Traeger under the tiltle: Ueber den Ursprung der Sprache. Berlin.

Humboldt, Wilhelm von. 1963. Ueber die Verschiedenheiten des menschlichen Sprachbaues [1827-' 29] '. *Wilhelm von Humboldt Werke in fuenf Baenden. Band III: Schriften zur Sprachphilosophie.* Edited by Andreas Flitner and Klaus Giel. Darmstadt.

Rolland, Maria Theresia. 1997. Neue deutsche Grammatik. Bonn: Dümmler Verlag.

Schlegel, Friedrich. 1808. *Ueber die Sprache und Weisheit der Inder.* Heidelberg.

Trier, Jost. 1931. Der deutsche Wortschatz im Sinnbezirk des Verstandes. *Die Geschichte eines sprachlichen Feldes. I: Von den Anfaengen bis zum Beginn des 13. Jahrhunderts.* Heidelberg.

Uhlenbeck, C. C. 1960. *A Manual of Sanskrit Phonetics.* Delhi: Munshiram Manohar Lal.

西班牙语:

Briz Gómez, Antonio. *El español coloquial en la conversación: esbozo de pragmagramática.* 1a ed. Barcelona: Ariel. 1998.

Castro, Américo, 1885—1972. *Español, palabra extranjera; razones y motivos.* Madrid, Taurus Ediciones. 1970.

De Mello, George. *Español contemporáneo.* 3rd ed. Lanham, Md. : University Press of America. 1999.

D'Introno, Francesco. *Sintaxis generativa del español: evolución y análisis.* Madrid: Cátedra. 2001.

Gutiérrez Araus, María Luz. *Las estructuras sintácticas del español actual.* Madrid: Sociedad General Española de Librería. 1978.

Hernández Alonso, César. *Gramática funcional del español.* 3. ed. corr. y aum. Madrid: Gredos. 1996.

Mínguez, Nieves. *Gramática estructural del españoly comentario de textos.* Fontán. Madrid: Partenón. 1978.

Ribao Pereira, Montserrat. *Textos y representación del drama histórico en el romanticismo español.* 1. ed. Pamplona: EUNSA, Ediciones Universidad de Navarra. 1999.

Rivero, María Luisa. *Estudios de gramática generativa del español.* Madrid: Ediciones Cátedra. 1977.

Seco, Manuel. *Diccionario del español actual.* 1. reimpresión. Madrid: Aguilar, 1999.

Tomás y Valiente, Francisco. *Manual de historia del derecho español.* 4. ed. Madrid: Tecnos, 1983.

法语类:

Alemand, L-A. 1688. *Nouvelles Observations, ou Guerre civile des François sur la langue.*

Paris: J. B. Langlois.

Bally, Charles. 1950. *Linguistique générle et Linguistique française.* 3rd ed. Berne.

Bally, Charles. 1952. *Le Langage et la Vie.* 3rd ed. Genèva-Lille.

Benveniste, E. 1935. *Origines de la Formation des Noms en Indo-européen.* I. Paris.

Bidot, E. 1925. La Clef du genre des substantives français. Poitiers: Imprimerie nouvelle.

Bloch, J. 1934. *L'indo-aryen du Veda aux Temps Modernes.* Paris.

Bouhours, D. 1693. *Suite des Remarques nouvelles sur la langue françoise.* Paris: G. and L. Josse.

Bourdieu, Pierre. 1982. *Ce que parler veut dire.* Paris: Fayard.

Buffet, M. 1668. Nouvelles Observations sur la langue françoise. Où il est traitté des termes anciens & inusitez, & du bel usage des mots nouveaux. Avec les Eloges des Illustres Sçavantes, tant Anciennes que Modernes. Paris: J. Cusson.

Castoriadis, Cornelius. 1975. *L'institution imaginaire de la société.*

Dupleix, S. 1651. *Liberté de la langue françoise dans sa pureté.* Paris: D. Becnet.

De Gaulle, C. 1959. *Mémoires de Guerre.* Vol. 1. Paris: Plon.

Meillet, A. 1908. *Les Dialectes Indo-Européens.* Paris.

Meillet, A. 1912. Les Nouvelles Langues Indo-Européennes trouvées en Asie Centrale. *Revue du mois.* 14. PP135—152.

Mousnier, R. 1969. Les Hiérarchies socials de 1450 à nos jours. Paris: Presses Universitaires de France.

Proust, Marcel. 1954. *Du côté de Chez Swann.* Paris: Gallimard.

Saussure, Ferdinand de. 1887. *Mémoire sur le Système primitif des voyelles dans les langues Indo-Européenness.* Paris.

Streicher, J. (ed.). 1936. *Commentaires sur les Remarques de Vaugelas par La Mothe le Vayer, Scipion Dupleix, Ménage, Bouhours, Conrart, Chapelain, Patru, Thomas Corneille, Cassagne, Andry de Boisregard et l'Académie Française.* 2 vols. Paris: Droz.

Vaugelas, C. Favre de. 1647. *Remarques sur la langue françoise utiles à ceux qui veulent bien parler & bien escrire.* Paris: J. Camusat and P. le Petit (facsimile edition by J. Streicher. Paris: Slatkine. 1934.)

Wilson, T. 1553. Arte of Rhetorique. Gainsville: Scholars Facsimiles and Reprints. 1962.

Ziegler, Gilette. *Marie, Ière Curie Correspondance. Choix de Lettres* (1905—1934). Paris: Les Éditeurs Français Réunis.

意大利语:

Clifton, Katherine M. 2002. *Grammatiche Facili.* Milano: Antonio Vallardi Editore.

Garin, Eugenio. La cultura filosofica del Rinascimento *italiano*; ricerche e documenti. Firenze: Sansoni. 1961.

Guglielminetti, Marziano. Struttura e sintassi del romanzo *italiano* del primo Novecento. Milano: Silva. 1964.

Luperini, Romano. Letteratura e ideologia nel primo Novecento *italiano*. Saggi e note sulla Voce e sui vociani... Pisa, Pacini, 1973.

Marzot, Giulio. Il decadentismo *italiano*. Bologna, Cappelli, 1970.

Mattarucco, Giada. Prime *grammatiche* d'italiano per francesi (secoli XVI-XVII). Firenze: Accademia della Crusca, 2003.

Radtke, Edgar. (Hrsg.). Le nuove *grammatiche* italiane. Tübingen: Narr. 1991.

Rigutini, Giuseppe. Vocabolario *italiano* della lingua parlata, novamente compilato da Giuseppe Rigutini e accresciuto di molte voci, maniere e significati. Firenze, G. Barbèra. 1906—07.

拉丁语:

Giacomelli, Roberto. *Storia della lingua latina.* Roma: Jouvence, 1993.

Cupaiuolo, Fabio. *Problemi di lingua latina: appunti di grammatica storica.* Napoli: Loffredo, 1991.

Galenius, Pietrus. *Dittionario overo tesoro della lingua volgar.* Latina. Venetia, 1605.

Llorente, Herrero; Víctor José. *La lengua latina en su aspecto prosódico; con un vocabulario de términos métricos.* Madrid: Editorial Gredos. 1971.

Mazzone, Marc'Antonio. *L'oracolo della lingua latina.* Venetia, 1639.

Varro, Marcus Terentius. *De lingua Latina librorum quae supersunt.* Lipsiae, 1833.

Varro, Marcus Terentius. *De lingua Latina.* Libro 6. Bologna: Pàtron, 1978.

梵语类:

Ānandavardhana: *Dhvanyāloka* (with Abhinava's Locana). Second Uddyota. Ed. P. Sastri. Sanskrit Series. Chowkhamba: Banaras. 1940.

Bhartrhari. 1966. *Vākyapadīya. Kānda I*, with the Vrtti and Paddhati of Harivrsabha. Ed. By K. A. Subramania Iyer. Pune: Deccan College.

Dandin. 1938. *Kāvyādarśa.* Ed. Rangacharya Raddi Sastri. Government Oriental Series, Class A, No. 4. Poona: Bhandarkar Oriental Research Institute.

Dvivedi, H. P. 1978. *Studies in Pānini-Technical Terms of the Astādhyāyī.* Delhi: Inter India Publications.

Ghosh, Manomohan. 1938. *Pāninīyaśiksā.* Calcutta: University of Calcutta.

Gokhale, S. R. (ed.). 1889. *Aśvalāyana Śrautasūtra.* Poona.

Iyer, K. A. Subramania. (ed.). 1963. *Vākyapadīya of Bhartrhari.* With the commentary of Helārāja. Kānda III. Part I. Poona.

Joshi, S. D. 1967. *The Sphota-nirnaya of Kaundabhatta.* Poona: Oriental Book Agency.

Lakshman, Sarup. (ed.). *The Nighantu and the Nirukta.* Delhi. 1967.

Limaye, V. P. & R. D. Wadekar. (ed.). 1958. *Astādaśa-Upanisadah.* Pune: Vaidika Samśodhana MandaLa.

Limaye, V. P. & R. D. Wadekar. (ed.). 1958. *Brhadāranyaka-Upanisadah.* Eighteen Principal Upanisads. Pune: Vaidika Samśodhana MandaLa.

Pānini. *Astādhyāyī.* Ed. by S. C. Basu.

Palsule, G. B. 1978. *Yūbhātah samskrtam prati* (Evolution of Sanskrit from Proto-Indo-European). Delhi: Rashtriya Sanskrit Samsthan.

Patajañli. 1880—1885. *Mahābhāsya* (K). 3 vols. Ed. by Franz Kielhorn. 3ʳᵈ. revised ed. By K. V. Abhyankar. 1962—1972. Poona: Bhandarkar Oriental Research Institute.

Patajañli. 1967. *Mahābhāsya (M) of Patajañli*. 3 vols. With the commentary Pradīpaby by Kaiyata, and Uddyota by Nāgeśabhatta. Delhi: Motilal Banarsidass.

Rāmadās. 1966. *Dāsabodh*. Ed. By N. R. Phatak. Bombay: Surekha Prakashan.

Sarup, Lakshman. 1962. *The Nighantu and the Nirukta*. Delhi: Motilal Banarsidas.

Shastri, M. D. (ed.). 1959. *Rgveda-Prātiśākhya*. Banaras.

Vāmana. 1922. *Kāvyālamkāra-sūtra-vritti*. Ed. J. Vidyasagar. 3ʳᵈ ed. Calcutta.

Weber, Albrecht. (ed.). 1964. The Śatapatha Brāhmana. Vārānasī.

Whitney, William Dwight. (tr.). *Atharava-Veda Sam hitā*. 2 vols. Cambridge, Mass. : Harvard University.

俄语类:

Галкина -Федорук Е. М. , Горшкова К. В. , Шанский Н. М. *Современный русский язык,*ч. 1. (Лексикология. Фонетий. Морфология). Учпедгиз. 1957.

Галкина-Федорук Е. М. , Горшкова К. В. , Шанский Н. М. *Современный русский язык,*ч. 2. (Синтаксис). Учпедгиз. 1958.

Гвоздев, А. Н. *Современный русский литературный язык.* ч. 1. (Фонетий. Морфология). Учпедгиз. 1958.

Гвоздев, А. Н. *Современный русский литературный язык.* ч. 2. (Синтаксис). Изд. 2. Учпедгиз. 1961.

Пулькина,И. М. ,Захава-Некрасова, Е. Б. *Русский Язык.* Москва. 1988.

希腊语:

Βαρουφάκης, Γιώργος. *Η ιστορία του σιδήρου από τον Όμηρο στον Ξενοφώντα:*

τα σιδερένια ευρήματα και η αρχαία ελληνική γραμματεία με το μάτι ενός
μεταλλουργού. Αθήνα: Ελληνικά Γράμματα, 2005.

Δελέγκος, Θεόδωρος Σπ. Μέγας Αλέξανδρος: η πορεία προς την Ώπι και την
ουτοπία της οικουμενικής ενότητας: η ιδεολογία του Αλέξανδρου: διερευνητική-
αποδεικτική πραγματεία τεκμηρίωσης της ιδεολογίας του Αλέξανδρου:
συγκριτική αναφορά στα πορίσματα των εγκυρότερων ιστορικών ερευνητών.
Αθήνα: Ελληνικά Γράμματα, 2005.

Μωυσιάδης, Θεόδωρος. Ετυμολογία: εισαγωγή στη μεσαιωνική και νεοελληνική
ετυμολογία. Αθήνα: Ελληνικά Γράμματα, 2005.

Μπαμπινιώτης, Γεώργιος. Ο κόσμος των κειμένων: μελέτες αφιερωμένες στον
Γεώργιο Μπαμπινιώτη. Αθήνα: Ελληνικά Γράμματα, 2006.

Νικολαΐδου, Ελένη. Αρχιμήδης: το θεϊκό μυαλό. Β' έκδοση. Αθήνα: Ελληνικά
Γράμματα, 2006.

Σαμουηλίδης, Χρήστος. Η αυτοκρατορία της Τραπεζούντας: τα 257 χρόνια του
ελληνικού μεσαιωνικού κράτους των 21 Κομνηνών αυτοκρατόρων του Πόντου,
1204-1461. Αθήνα: Ελληνικά Γράμματα, 2007.

Χειμωνάς, Θανάσης. Σπασμένα ελληνικά. Αθήνα : Κέδρος, 2001.

英语类:

Agrawala, V. S. 1953. *India as Known to Pānini*. Lucknow: University of Lucknow.

Allen, W. Sidney. 1948. The Origin and Development of Language. *Transactions of the Philological Society*. London. PP35—60.

Allen, W. Sidney. 1953. *Phonetics in Ancient India*. London: Oxford University Press.

Anttila, Raimo. 1972. *An Introduction to Historical and Comparative Linguistics*. New York: Macmillan Company.

Austin, John L. 1975. *How to Do Things with Words*. Cambridge, MA: Harvard University Press.

Austin, William M. and Henry Lee Smith Jr. 1937. The Etymology of the Hittite yukas. *Language* 13. PP104—106.

Bakhtin, M. N. 1986. *Speech genres and other late essays*. Austin: University of Texas Press.

Barbin, Herculine. 1978. *Mes souvenirs*. In Michel Foucault (ed.). *Herculine Barbin dite Alexina B*. Paris: Gallimard, PP9—128.

Baron, D. 1986. *Grammar and Gender*. New Haven: Yale University Press.

Barsalou, L. W. 1992. *Cognitive psychology: An overview for cognitive scientists*. Hillsdale, N. J. : Erlbaum.

Beames, John. 1971. *Outlines of Indian Philology and Other Philological Papers*. Calcutta: Indian Studies.

Bhattacharya, Bishnupada. 1958. *Yāska's Nirukta and the Science of Etymology*. Calcutta: Indian Studies.

Bhattacharya, Bishnupada. 1962. *A Study in Language and Meaning*. Calcutta: Indian Studies.

Bhattacharya, Harendra Kumar. 1959. *The Language and Scripts of Ancient India*. Calcutta: Bani Prakashani.

Bloomfield, L. 1933. *Language*. New York: Holt, Rinehart and Winston.

Bloch, Bernard and Trager, G. 1942. *Outline of Linguistic Analysis*. Baltimore: Waverley Press.

Bloomfield, Leonard. 1962(1st ed. 1933). Langauge. 8th ed. London: Allen & Unwin.

Bourdieu, Pierre. 1977. *Outline of a Theory of Practice*. Cambridge: Cambridge University Press. 1991. *Language and Symbolic Power*. Cambridge, MA: Harvard University Press.

Butler, Judith. 1990. *Gender Trouble: Feminism and the Subversion of Identity*. New York: Routledge.

Brough, John. 1951. Theories of General Linguistics in the Sanskrit Grammarians.

Transactions of the Philological Society. PP27—46.

Buehler, G. 1864. On the Origin of the Sanskrit Linguals. *Madras Journal of Literature and Science.* P116ff.

Burrow, T. 1965. The Sanskrit Language. 2nd ed. London: Faber and Faber.

Burrow, T. 1949. Shwa in Sanskrit. *Transactions of the Philological Society.* PP22—61.

Caldwell, Rt. Rev. Robert. 1961. *A Comparative Grammar of the Dravidian or South-Indian Family of Languages.* 3rd ed. Madras: University of Madras.

Cardona, George. 1976. *Pāninī: A Sruvey of Research.* The Hague: Mouton & Co.

Chase, A. H. & Phillips, H. *A New Introduction to Greek.* Cambridge, Mass. : Harvard University Press. 1982.

Comrie, B. S. 1981. The Language of the Soviet Union. Cambridge: Cambridge University Press.

Corbett, Greville. 1991. *Gender.* Cambridge: Cambridge University Press.

Coulson, Michael. 1976. *Sanskrit. An Introduction to the Classical Language.* London: Hodder & Stoughton.

Crystal, Daid. 1972. *Linguisitcs.* Middlesex, England: Penguin Books.

Darwin, C. 1859. *The origin of species.* New York: Modern Library.

Dash, Narendra Kumar. *A Survey on Sanskrit Grammar in Tibetan Language.* Delhi: Agam Kala Prakashan.

Derrida, Jacque (ed.). 1995. *Limited Inc.* Evanston, IL: Northwestern University Press.

De, S. K. 1925. Studies in the History of Sanskrit Poetics. London: Luzac & Co.

Deshpande, Madhav M. 1993. *Sanskrit & Prakrit: Sociolinguistic Issues.* Delhi: Motilal Banarsidass Publishers Private Limited.

Diamond, A. S. 1959. *The History and Origin of Language.* London: Methuen & Co. Ltd. 1959.

Diederich, Paul B. 1939. *The Frequency of Latin Words and their Endings.* Chicago: University of Chicago Press.

Dover, K. J. *Greek Word Order.* Cambridge: Cambridge University Press. 1960.

Eagleton, Terry. 1991. *Ideology: An Introduction.* London and New York: Verso.

Eckert, Penelope and Sally McConnell-Ginet. 2003. *Language and Gender.* Cambridge: Cambridge University Press.

Elizarenkova, Tatyana J. 1995. *Language and Style of the Vedic RSIS.* New York: State University of New York Press.

Filliozat, Pierre-Sylvain. 2000. *The Sanskrit Language: an Overview.* Translated by T. K. Gopalan. New Delhi: INDICA.

Firth, J. R. 1957. *Papers in Linguistics, 1934—1957.* London: Oxford University Press.

Foucault, Michel. 1972. *The Archaeology of Knowledge and the Discourse on Language.* New York: Pantheon Books.

Garréta, Anne. 1986. *Sphinx.* Paris: Grasset.

Gee, James Paul. 1996. Social linguistics and literacies: Ideology in Discourses. 2nd ed. London: Taylor & Francis.

Gee, James Paul. 1999. *An Introduction to Discourse Analysis.* London and New York: Routledge.

Ghosh, Batakrishna. 1937. *Linguistic Introduction to Sanskrit.* Calcutta: Indian Research Institute.

Giddens, Anthony. 1991. Modernity and Self-Identity. Stanford, CA: Stanford University Press.

Gleason, Jr., H. A. 1955. *An Introduction to Descriptive Linguistics.* New York: Henry Holt and Company.

Gonda, Jan. 1951. *Remarks on the Sanskrit Passive.* Leiden.

Gray, Louis H. 1950. *Foundations of Language.* 1st ed. 1939. New York: The Macmillan Company.

Greenberg. J. H. How does a language acquire gender markers? In J. H. Greenberg, C. A.

Ferguson & E. A. Moravcsik (eds.) *Universals of Human Language*, *III*: *Word Structure*, PP47—82, 1978.

Gune, Pandurang Damodar. 1958. *An Introduction to Comparative Philology*. Poona: Poona Oriental Book House.

Hart, George L. 1975. *The Poems of Tamil*. Berkeley: University of California Press.

Hockett, C. F. 1958. *A course in Modern Linguistics*. New York: Macmillan.

Hoenigswald, Henry M. 1966. *Language Change and Linguistic Reconstruction*. Chicago: University of Chicago Press.

Hughes, John P. 1962. *The Science of Language*. New York: Random House.

Hymes, Dell. 1972. Models of the interaction of language and social life. In Gumperz and Hymes 1972, 35—71. 1974. Foundations in Sociolinguistics: An Ethnographic Approach. Philadelphia: University of Pennsylvania Press.

Jahagirdar, R. V. 1932. *An Introduction to the Comparative Philology of Ido-Aryan Languages*. Dharwar.

Jakobson, Roman. 1971. *Selected Writtings*. II. Word and Language. The HagueParis: Mouton.

Jespersen, Otto. 1962. *The Philosophy of Grammar*. London: George Allen & Unwin.

Jespersen, Otto. 1964. *Selected Writings of Otto Jespersen*. London: George Allen & Unwin.

Jespersen, Otto. 1969. *Language-Its Nature, Development and Origin*. (14th impression). London: George Allen & Unwin.

Jones, Daniel. 1944. Some Thoughts on the Phoneme. *Transactions of the Philological Society*. PP119—135.

Joseph, Brian. 1979. On the Animate-inanimate Distinction in Cree. *Anthropological Linguistics* 21: 351—354.

Joshi, C. V. 1964. *A Manual of Pali*. Poona: Oriental Book Agency.

Kahrs, Eivind. 1998. *Indian Semantic Analysis*: *The Nirvacana Tration*. Cambridge:

Cambridge University Press.

Kamboj, Jiya Lal. 1986. *Semantic Change in Sanskrit*. Delhi: Nirman Prakashan.

Kane, P. V. 1961. *History of Sanskrit Poetics*. Motilal Banarsidass.

Katre, Sumitra Mangesh. 1964. *Prakrit Languages and their Contribution to Indian Culture*. Poona: Deccan College.

Katre, Sumitra Mangesh. 1965. *Some Problems of Historical Linguistics in Indo-Aryan*. Poona: Deccan College.

Keith, A. B. 1928. A History of Sanskrit Literature. Oxford: Oxford University Press.

King, Ruth(ed). 1991. *Talking Gender: A Guide to Nonsexist Communication*. Toronto: Copp Clark Pitman.

Kiparsky, Paul. 1979. *Pānini as a Variationist*. Cambridge: MIT Press & Poona University Press.

Kunjunni Raja, K. *Indian Theories of Meaning*. Madras: Adyar Library and Research Centre.

Laddu, S. D. 1974. *Evolution of the Sanskrit Language from Pānini to Patañjali*. New Delhi: University of Poona.

Lakoff, Robin. 1973. Language and women's place. *Language in Society* 2: 45—80. 1987. *Women, Fire, and Dangerous things*. Chicago: University of Chicago Press.

Lapointe, Steven, G. 1988. Towards a Unified Theory of Agreement. *Agreement in Natural Language*. ed. By Michael Barlow and CharlesFerguson, PP67—87. Standford: CSLI Publications.

Lehmann, Winfred P. 1955. *Proto-Indo-European Phonology*. Austin: University of Texas Press.

Leidecker, Kurt F. 1976. *Sanskrit Essentials of Grammar and Language*. Madras: The Adyar Library and Research Centre.

Lyons, John. 1968. Introduction to theoretical Linguistics. Cambridge: Cambridge University Press.

Macdonell, Arthur Anthony. 1910. *Vedic Grammar.* Strassburg.

Mackridge, P. *The Modern Greek Language.* Oxford: Oxford University Press. 1985.

Mahulkar, D. D. (ed.). 1998. *Essays on Pāṇini.* Shimla: Indian Institute of Advanced
Study.

Matilal, Bimal Krishna. 1971. *Epistemology, Logic and Grammar in Indian Philosophical
Analysis.* The Hague: Mouton Co.

Matilal, Bimal Krishna. 1986. *Perception.* Oxford: Clarendon Press.

Matilal, Bimal Krishna. 1990. *The Word and the World: India's Contribution to the
Study of Language.* Oxford: Oxford University Press.

Martinet, André. 1962. *A Functional View of Language.* Oxford: Clarendon Press.

Mishra, Vidhata. 1972. *A Critical Study of Sanskrit Phonetics.* Varanasi: Chowkhamaba
Sanskrit Series Office.

Misra, Satya Swarup. 1968. *A Comparative Grammar of Sanskrit, Greek and Hittite.* Cal-
cutta: World Press.

Montagu, Ashley. (ed.). 1965. *The Concept of Race.* New York: Free Press.

Morgenroth, Wolfgang. (ed.). 1986. *Sanskrit and World Culture.* Berlin: Akademie-
Verlag.

Morgenstierne, Georg. 1929. *Indo-Iranian Frontier Languages.* Oslo: H. Aschehoug.

Morwood, J. The Oxford Grammar of Classical Greek. Oxford: Oxford University Press.
2001.

Müller, F. Max. 1868—1875. *Chips from a German Workshop.* Vols. 1—4. London:
Longman.

Müller, F. Max. 1868. *Lectures on the Science of Language.* 2nd Series. London: Long-
man.

Murti, M. Srimannarayana. 1984. *An Introduction to Sanskrit Linguistics.* Delhi: D. K.
Publications.

Murti, M. Srimannarayana. 1974. *Sanskrit Compounds-A Philosophical Study.* Varanasi:

Chowkhamba Sanskrit Series Office.

Mylne, Tom. 1995. Grammatical Category and World View: Western Colonization of the Dyirbal Language. *Congnitive Linguistics* 6: 379—404.

Narula, S. S. 1979. *Social Roots of Indian Linguisitcs.* New Delhi: Oriental Publishers & Distributors.

Palmer, L. R. *The Latin Language.* London: Faber and Faber. 1968.

Pischel, R. 1957. *Comparative Grammar of the Prakrit Languages.* Delhi: Motilal Banarsidas.

Poole. J. 1646. The English Accidence. Menston, England: Scholar Press Facsimile.

Poplack, S. ,A. Pousada & D. Sankoff. 1982. Competing influences on gender assignment: variable process, stable outcome. *Lingua* 57: 1—28 .

Posner, Rebecca. 1997. *Linguistic Change in French.* Oxford: Clarendon Press.

Raghavan, V. 1972. *Sanskrit: Essays on the Value of the Language and the Literature.* Madras: The Sanskrit Education Society.

Ravi, Prakash. 1975. *Verb Morphology in Middle Indo-Aryan.* Delhi: Munshiram Manoharlal.

Ricento, Thomas (ed.). *Ideology, Politics and Language Policies. Focus on English.* Amsterdam/Philandelphia: John Benjamins Publishing Company.

Saussure, Ferdinand de. 1949. *Cours de Linguistique générale.* Publié par Charles Bally et Albert Sechehaye. Paris: Payot.

Scharfe, Hartmut. 1971. Pāninī's Metalanguage. Philadelphia: American Philosophical Society.

Sen, Sukumar. 1960. *A Comparative Grammar of Middle Indo-Aryan.* Poona: Linguistic Society of India.

Shastri, Biswanarayan. 1998. *Sanskrit in Assam Through the Ages.* New Delhi: Rashtriya Sanskrit Sansthan.

Sihler, A. L. *New Comparative Grammar of Greek and Latin.* Oxford: Oxford University

Press. 1995.

Speyer, Jacobus Samuel [Speijer]. 1886. *The Sanskrit Syntax.* Leyden.

Sturtevant, Edgar Howard. 1965. *Linguistic Change-An Introduction to the Historical Study of Language.* 3rd impression. Chicago: University of Chicago Press.

Sulaiman, Othman. Malay for Everyone. Selangor: Pelanduk Publications. 2000.

Tucker, G. R. , Lambert, W. E. , and Rigault, A. A. 1977. *The French Speaker's Skill with Grammatical Gender: An Example of Rule-Governed Behaviour.* The Hague: Mouton.

Taylor, Charles. 2004. *Modern Social Imaginaries.* Durham and London: Duke University Press.

Taylor, Charles. 2002. Modern Social Imaginaries. *Public Culture.* 14(1):91—124. Durham and London: Duke University Press.

Varma, Siddheshwar. 1926. Analysis of Meaning in Indian Semantics. *Journal of the Department of Letters.* Calcutta: University of Calcutta.

Varma, Siddheshwar. 1961. *Critical Studies in the Phonetic Observations of Indian Grammarians.* Delhi: Munshi Ram Manohar.

Whitney, William Dwight. 1869—1870. On the Nature and Designition of the Accent in Sanskrit. *Transactions of the American Philological Association.* Hartford. P20ff.

Whitney, William Dwight. 1870. *Language and the Study of Language.* 3rd ed. London.

Whitney, William Dwight. 1875. *The Life and Growth of Language: An Outline of Linguistic Science.* New York: Appleton.

Whitney, William Dwight. 1879 (1889, 1931). *The Sanskrit Grammar.* Cambridge, Mass. : Harvard University.

工具书类:

康特莱拉斯(编),《西班牙语基本词词典》,高桥正武、瓜谷良平、官城(升),江樱、丁义忠、叶志永(译),香港:商务印书馆香港分馆,1985 年版。

林光明、林怡馨(编),《梵汉大辞典》(上、下),台北:嘉丰出版社,2005 年版。

刘泽荣(主编),《俄汉大词典》,北京:商务印书馆,1960 年版。

罗念生、水建馥,《古希腊语汉语词典》,北京:商务印书馆,2005 年版。

毛金里、李多、梁德润、黄菊琴、李世媛编,《现代西汉汉西词典》,1991 年版。

王焕宝、王军、沈萼梅、柯宝泰编,《现代意汉汉意词典》,北京:外语教学与研究出版社,2000 年版。

《法汉词典》编写组,《法汉词典》,上海:上海译文出版社,1982 年版。

《德汉词典》编写组,《新德汉词典》,上海:上海译文出版社,2000 年版。

谢大任,《拉丁语汉语辞典》,北京:商务印书馆,1988 年版。

Bhaṭṭācārya, Tārānātha Tarkavācaspati. *Śabdastomamahañidhiḥ*: *A Sanskrit dictionary*. Calcutta, 1870.

Galenius, Pietrus. *Dittionario overo tesoro della lingua volgar*. Latina. Venetia, 1605.

Glare P. G. W. *Oxford Latin Dictionary*. Oxford: Oxford University Press. 1982.

Macdonell, Arthur Anthony. *A practical Sanskrit dictionary*, *with transliteration*, *accentuation*, *and etymological analysis throughout*. London, 1924.

Seco, Manuel. *Diccionario del español actual*. 1. reimpresión. Madrid: Aguilar, 1999.

小西友七, 南出康世,《英和大辞典》,东京:大修馆书店,2001 年。

后　记

　　二〇〇四年去剑桥大学东方研究系学习梵语的时候便开始对梵语中的性别范畴特别地有兴趣,总觉得它不应该是简单的语法范畴,也不应该是为语法本身而存在的语言规则。当时,在对德语、法语、拉丁语、俄语、西班牙语、土耳其语、意大利语、日语、朝鲜语等多种语言进行比较研究的过程中,对我而言,性别范畴就已经开始变得非常迷人了。我暂且搁置了原先计划的研究课题,而兴致勃勃地转入语言性范畴研究。越是广泛地阅读,越是深入地思索,就越是觉得它神秘而不是流于形式的语法规则。不久,我扩大了观察的范围,将全球三百二十一种语言纳入我的研究视野,对它们的性范畴体系进行比对和分析,最后锁定十二种语言,即梵语、法语、德语、拉丁语、希腊语、意大利语、西班牙语、俄语、汉语、英语、马来语、日语。从性范畴的视角进入各种语言,获得了全新的视觉享受和认识享受——梵语赋予我迷离而空灵的感觉,法语阴柔而娇贵,德语善变却缜密,拉丁语深邃而华贵,希腊语绚丽而微妙,意大利语犹如永不疲倦的爱情鸟,阳刚的西班牙语却也有着它月色朦胧的一面,俄语粗犷却不失孩提的天真,汉语张力十足、诗情画意,英语则平易通俗,马来语憨态可掬,日语却具有后现代建筑设计的特征——将部分内在结构延伸到主体之外,使之外在化、表面化。从前,我以为我熟悉所有这些语言,只是在历经各样艰辛追索的过程中,我才知道,它们与我竟然是那般的时远时近、若即若离。所幸,"踏破铁鞋无觅处"而后的畅快,"那人却在灯火阑珊处"而后的惊喜,让我学会了如何在各样语言穿梭之中像猎犬一样快速地奔向猎物,尔后,再像猎犬一样折回寻觅的嗅迹,一路回到原出发地。因为这项研究,我还有了别样的体验:学会了在文本的广泛阅读中怎样与古希腊众神相遇——普罗透斯海神、尼克胜利女神、厄俄斯晨光女神、赫利俄斯太阳神等等,学会了在逐行逐句逐词的阅读中怎样与吠陀智慧相遇——智、觉、一切智、道种智、一切种智等等,也学会了辛劳之后的轻松放歌,找到了最配得上我各样心情的踢踏舞节奏。都说研究的专业对自己的心理和精神是有深刻影响的,我看,没错的! 五年的时间里,与这样多生动而神采各异的语言亲近,每天都是满心的飞扬。结果呢,我课堂里的学生、我亲近的朋友、我心爱的家人,无不感受到我绵长的快乐。几乎每天,或黎明或黄昏,我都带着一满怀的愉悦,游走于因势而建的城墙之下,漫步于悠悠荡荡的秦淮河边,享受体态端正、俊秀的香樟树华盖对我的温馨庇护,享受色泽温润、轻扬的银杏树叶片对我的劲媚关照,用我的目光爱抚雨中或是含苞或是凋零的樱花、桃花、海棠;用我的气息温暖在寒凉风中摇曳着的娇嫩柳芽。有时,我就坐在紫藤攀援的长廊里,抬头看看满廊高高低低、亭匀闲垂的紫藤花,再远远地看看街景,看优哉游哉过往的人们,看疾驰穿梭的各款车辆。"因为与那样多的语言相遇,果真,我是蒙福了!"我总是喜欢这么对自己说。

与剑桥大学的教授和老师们聊起性范畴,他们大多都非常习惯地把它看作是一个简单的语法现象。只有一位学者特别支持我的研究命题,他是阿明·萨久(加拿大),一位智慧的政治学博士。与他特别多地谈论性范畴,谈论达尔文的进化论,谈论亚里士多德,谈论社会构想理论,谈论人类的战争,谈论思想者。他总是建议我一定要转换视角,走到性范畴的背后,看看究竟是什么在支撑它的存在。我的思索和疑问,总是能得到他智慧的剖析和鼓励。正是在他的启发之下,我首先完成论文"What Is Behind Linguistic Gender?"(语言性范畴的背后是什么?)。二〇〇八年,我带着这篇论文参加哈佛-燕京论坛,得到哈佛大学久野璋先生(美国)的特别关注。在他的鼓励之下,我又一次重新整理了思路,力求我的表述更为清晰。十年前在哈佛大学语言学系做他的学生,一直以来,都得到他多方面的激励。对他的感激是深厚而永远的。

得益于剑桥大学图书馆丰富的藏书和文献资料,在剑桥大学研修期间,基本完成语言资料的收集、整理和基础分析。我回国之后仍然能够如此顺利地完成这项课题的研究,还得益于南京图书馆的徐培培女士,因为她的帮助,我获得重要的拉丁语、西班牙语、俄语等原版工具书和文献资料。每每因为拖延借期而歉疚,她却乐呵呵地,吩咐我慢慢看,说这些老古董书,从来也没有人借过,大概也只有我看了。她的话语之中不无宽容的支持和同情的理解。在研究过程中,又有幸先后得到菊池·繁夫(日本)、陈晓萍(马来西亚)、孙耀宗(马来西亚)、袁俭伟、常玲玲、翟永庚、王殿忠、龚志明欣然而积极的支持,谢谢他们为我提供那么富有价值的各种语言文献资料,谢谢他们如此耐心地、如此尽力地回答我那么多不很常规的问题。还要特别谢谢周立丰先生,他在罗马专程去各家书店,为我淘书。回国时,又专程到南京,把书交给我。二〇〇七年四月,第二届世界语言大会在南京大学召开,我正要走进教室,讲授梵语,却看见马来西亚的学者陈晓萍从不远处迎面向我走来,她刚从马来西亚为我购得马来语书籍。她在教室门前的走廊里把书交给我时的那份美丽、快乐的神情,常常浮现在我的眼前,并幻化成一幅清新、洁净的画面。

他们的帮助是诚挚、厚重而令人愉悦的,他们都是我不能忘记的真诚朋友。

完成整个书稿之际,突然想到:会有人对这么一个既狭窄又开阔的研究有兴趣吗?说它狭窄,因为它选择从性范畴这么一个语言学小概念切入;说它开阔,因为它选择关注、分析十二种语言的性范畴存在状态及其流变。可谓小观点,大视野。倘若我的研究没有读者,那我自然只是在自娱自乐了。当然,自娱自乐也未尝不可,也只有在当下太太平平的年代里,我们这些读书人才能够享受这份舒适。只是,我更愿意有读者分享我研究的过程和结果,更愿意我的这项研究会为他们带去一种新的视角、一些新的方法、一点新的思考。于是,我想到了郭力和她的编辑们 —— 视野开阔而性情内敛,审读精细而思想前卫,业有专攻而恩泽学界。我越来越向往自己的专业书稿能够从她们那里走向读者。这是我的心愿。结果呢,我顺利如愿了!

这项研究是江苏省十一五规划课题,批准号为 06JSBYY002。感谢这份支持。

当这本书付梓的时候,我已经开始回到我原先计划好了的课题“论世界语言语词顺序的任意性”,已有的前期成果“The Essence of Language Sentence: Free Word Order”(《论语句本质:自由语序》)发表在日本《语言交流》(2009 年第 1 期)上。一部三十余万字的长篇小说《彼黍离离》也在最后的定稿过程之中。

每天,要么读书,要么教书,要么写书。在语言与思想之间,在文字与文化之间,在感性与灵性之间,喜欢学习,喜欢追问。学而后问,问而后学,竟然就是这般的让我沉醉!

裴　文

南京银杏阁

于春未暖花已开的季节

2009 年 3 月 29 日